MICHAEL WITHEY

DESCONSTRUINDO SEU OPONENTE

Como identificar e refutar argumentos falaciosos

Tradução
UBK Publishing House

ubook ubk Publishing House

Publicado mediante acordo com Callisto Media, Inc. Edição original do livro, *Mastering Logical Fallacies: the definitive guide to flawless rhetoric and bulletproof logic*, publicada por Callisto Media.

COPIDESQUE Vânia Cavalcanti
REVISÃO Lígia Alves e Viviane Nepomuceno
DIAGRAMAÇÃO Know-how Desenvolvimento Editorial
PROJETO GRÁFICO Bruno Santos
CAPA James Olstein

Dados Internacionais de Catalogação na Publicação (CIP)
(Câmara Brasileira do Livro, SP, Brasil)

Withey, Michael

Desconstruindo seu oponente : como identificar e refutar argumentos falaciosos / Michael Withey; tradução UBK Publishing House. -- Rio de Janeiro: Ubook Editora, 2020.

Título original: Mastering logical fallacies

ISBN 978-65-5875-066-6

1. Falácias (Lógica) 2. Lógica I. Título.

20-51191 CDD-165

Índices para catálogo sistemático:
1. Falácias : Lógica : Filosofia 165

Cibele Maria Dias - Bibliotecária - CRB-8/9427

Ubook Editora S.A
Av. das Américas, 500, Bloco 12, Salas 303/304,
Barra da Tijuca, Rio de Janeiro/RJ.
Cep.: 22.640-100
Tel.: (21) 3570-8150

Sumário

PREFÁCIO

SEMPRE PENSEI NOS ARGUMENTOS como um jogo de xadrez – existem as regras e, além delas, inúmeros movimentos que você pode fazer, uns mais estratégicos do que outros. Os piores jogadores, então, são aqueles que caem nos truques bobos, cometem erros evitáveis e por isso são facilmente derrotados. São os que não têm uma boa compreensão sobre essas regras e táticas. Se aprendi alguma coisa depois de dez anos de prática em debates formais é que os argumentos não são diferentes disso: sem uma boa compreensão das regras e táticas, é provável que você fracasse e seja derrotado.

Algumas coisas são evidentemente verdadeiras e outras, obviamente falsas. A maioria das pessoas conseguem identificá-las de imediato. Acontece que nem tudo é tão claro assim, sobretudo quando se trata de temas complexos com os quais lidam os dirigentes políticos, líderes empresariais e acadêmicos. Qual o limite aceitável de vigilância governamental em nossa vida? Como o desenvolvimento econômico deve avançar se esse avanço significa o sacrifício do meio ambiente? Que tipo de deveres, se é que existem, as crianças devem ter em sua dinâmica de relação com seus pais? O que eu, pessoalmente, e nós, coletivamente, deveríamos querer da vida?

Dominar o xadrez e dominar argumentos difere, então, em um aspecto muito importante: nem todos vão aprender a jogar xadrez, mas todos, sem exceção, devem encontrar argumentos. A aprendizagem das regras e das táticas de debate (o tema deste livro) não é nada menos que uma habilidade essencial, como saber ler ou cozinhar. É verdade que você ainda pode sobreviver sem se tornar um mestre em qualquer uma dessas atividades, mas sua vida provavelmente ficaria mais difícil.

De que maneira, exatamente, o domínio dos argumentos melhora sua vida? Para começar, ele ajuda você a esclarecer dúvidas no universo político, econômico, acadêmico e pessoal. Fundamentalmente, as perguntas exigem que você pondere, não raro de forma especulativa, sobre aspectos frequentemente opostos, problemas e juízos de valor. Em outras palavras, elas claramente abrem espaço para a discussão, portanto não é surpresa que aqueles que formulam os argumentos mais convincentes dão as melhores respostas.

Talvez, acima de tudo, você queira evitar ser enganado por um truque lógico lançado por alguém. O fato de este livro fornecer uma longa lista de exemplos reais de argumentos apelativos indica justamente como é provável que venha a ser derrubado por um desses – talvez até já tenha sido. Todos, desde nossos parentes, passando pelos colegas de trabalho, até as autoridades eleitas, têm interesse em nos convencer de teorias que podem ser falsas, ou contrárias aos nossos próprios interesses, porque é do interesse *deles* fazer isso. Como você será capaz de responsabilizar essas pessoas se nem sequer percebe que está sendo enganado?

O discernimento, portanto, é a chave, e essa é precisamente a habilidade que o livro ensina. Como outras habilidades na vida, reconhecer os momentos em que abusos da lógica estão sendo praticados acaba se tornando uma segunda natureza – você simplesmente *sabe* quando há algo suspeito em uma discussão. E, como acontece com as outras habilidades, todos devem começar seguindo um manual de instruções para se tornar proficientes.

Em última análise, essa proficiência refinará suas relações com os outros de duas maneiras. Em primeiro lugar, quando estiver diante de uma trapaça lógica, você não será enganado! Em vez disso, você será capaz de identificá-la. Muitas vezes uma réplica devastadora significa, como sabemos, o fim de uma discussão. Em outros casos, identificar uma falácia por sua denominação precisa pode acrescentar um brilho de autoridade à sua resposta, mas a maioria das conversas cotidianas geralmente pede uma abordagem mais sutil. Este livro destaca maneiras de elaborar respostas adequadas.

Em segundo lugar, e o mais importante, você descobrirá que é sempre melhor construir seus próprios argumentos (e evitar ser o destinatário de uma resposta contundente). Reconhecer as vulnerabilidades dos argumentos do seu interlocutor significa reconhecer também as potenciais vulnerabilidades do próprio discurso. Isso é incrivelmente útil, porque na vida cotidiana você está sempre na expectativa de convencer alguém de alguma coisa: um entrevistador, um professor, um irmão, um amigo etc.

Finalmente, você será capaz de responder melhor a todas as perguntas que tenham importância pública ou particular, em vez de ser seduzido pela palavra de outra pessoa. Os melhores pensadores são os melhores defensores do próprio ponto de vista, e não há razão para você não ser um deles. A esse respeito, os argumentos são de fato como o xadrez – é deslumbrante contemplar a genialidade dos melhores.

Será que fui capaz de apresentar um bom argumento para te convencer a estudar o conteúdo deste livro? Existe uma maneira de descobrir: domine as regras e táticas dos argumentos. Como um bom amigo faria, recomendo fortemente a sua leitura.

Henry Zhang

INTRODUÇÃO

OS ARGUMENTOS ESTÃO EM TODO LUGAR: ligue a TV, zapeie pelos canais e você vai, sem dúvida, se deparar com algum demagogo dando uma explicação do porquê você deveria votar nele em vez de em algum outro idiota. Vem o intervalo e um anúncio promete que, se você usar este ou aquele desodorante, as mulheres vão cair aos seus pés. Desligue a TV e jante com sua família: com certeza seu tio vai começar a lhe dizer os motivos pelos quais você deve consertar uma peça do motor do seu carro ou em quem você deve votar nas próximas eleições.

Os argumentos estão, de fato, em toda parte. O problema é que muitos deles são realmente muito ruins. Em um bom argumento, a conclusão resulta das premissas; em um mau argumento, não. Alguma coisa deu errado: as premissas são irrelevantes para a conclusão, ou a conclusão é muito mais forte do que as premissas permitem, ou, pior ainda, a inferência obtida exige a violação de regras de lógica. O que acontece é o seguinte: a experiência mostra que maus argumentos são *eficazes*. As pessoas acreditam nas conclusões mesmo que estas não sigam as premissas. Assim, as pessoas mantêm crenças falsas e perniciosas porque foram enganadas por argumentos errôneos. Este livro vai ajudar você a identificar esse tipo de argumento e a se defender dele, de modo que você consiga reconhecê-lo e refutá-lo.

Quando um argumento falha, é porque o proponente usou uma *falácia*. As falácias são classificadas em dois tipos principais: *formal* e *informal*. Falácia formal é aquela em que o argumento é falso simplesmente em virtude de sua forma. Podemos pensar nesse tipo de falácia como aquele cuja *estrutura* é defeituosa: o argumento tenta inferir a conclusão de suas premissas; não pode fazê-lo, entretanto, em virtude da *estrutura* do argumento. Esses argumentos devem ser sempre rejeitados porque violam as regras fundamentais da lógica. Então, se alguém diz "todos os pombos são aves; o Piu-Piu é uma ave; portanto, o Piu-Piu é um pombo", o argumento é *formalmente* falacioso: o Piu-Piu poderia ser um canário, uma águia ou um corvo-marinho.

Uma falácia informal é uma artimanha mais complicada: é aquela em que a conclusão não decorre das premissas, não por culpa da estrutura lógica do argumento, mas por causa do *conteúdo* das premissas e da conclusão. Não podemos, portanto, rejeitar essa conclusão simplesmente por causa da *forma* do argumento; ao contrário, devemos ver quais são realmente as premissas e a conclusão. É mais difícil diagnosticar e refutar uma falácia informal porque você tem de examinar não apenas o conteúdo das premissas e da conclusão, mas também o uso que se faz do argumento.

Portanto, se um proponente argumenta que "há homens na Lua porque há homens na Lua", seu argumento é logicamente *válido*: a conclusão decorre de fato da premissa simplesmente porque a premissa é *idêntica* à conclusão. O argumento é claramente circular e, portanto, sem valor. Mas isso não significa que você deva rejeitá-lo. Se você não acredita que há homens na Lua, esse argumento não o convencerá; se você, entretanto, aceitar a premissa, tem de aceitar o argumento, não importa o quão trivial possa ser. Portanto, não há, como no caso das falácias formais, uma regra determinando que você *deve* rejeitar argumentos desse tipo; ao contrário, você precisa checar sua validade, caso a caso.

A grande maioria das falácias apresentadas neste livro é do tipo informal. Algumas dessas falácias são simplesmente técnicas retóricas que apelam para os sentimentos em vez de recorrer à razão. Então, quando um demagogo atiça sentimentos extremos na multidão ou manipula o medo que ela tem de alguma minoria, o argumento dele basicamente tenta contornar a razão e suscitar uma reação emotiva. Geralmente é muito fácil identificar tais falácias. No entanto, outras falácias informais dão errado por razões mais sutis: elas brincam com as palavras; generalizam a partir de exemplos muito limitados; transferem o ônus da prova de modo fraudulento. Reconhecer e refutar esses argumentos é muito mais complicado.

Apesar de ser difícil – na verdade, impossível – estabelecer uma regra sobre essas questões, a leitura deste livro lhe dirá a quais falácias você deve estar atento e fornecerá dicas úteis para rebater os argumentos de seu interlocutor. A melhor maneira, claro, de dominar completamente as falácias lógicas é a longa e dura prática: você deve se manter vigilante, pensar constantemente nos argumentos que encontrar e, então, tentar descobrir o que pode ter dado errado.

É uma prática que definitivamente vale a pena adotar. Existem muitos argumentos ruins cujo efeito não deve ser ignorado. Eles nos levam a acreditar em ideias perniciosas e falsas e a perpetuar decisões terríveis, tanto no âmbito individual como no coletivo. Pode levar tempo e esforço até chegar à cura de tudo isso, mas este livro é o melhor ponto de partida possível para essa missão.

AS FALÁCIAS

AD HOMINEM: ABUSIVO

Informal	A pessoa A faz a alegação *P*; a pessoa B afirma que A é mau caráter; portanto, *P* é falso.

Atacar o argumento de um locutor através de insultos.

EXEMPLO

> *"Você diz que a Terra gira em torno do Sol, mas você é um bebum mulherengo!"*

EXEMPLO DA VIDA REAL

Cícero, o orador romano, era de origem humilde, mas ascendeu e tornou-se um preeminente político, advogado e orador público. Apesar de seu brilhantismo, a elite aristocrática às vezes o menosprezava precisamente por causa de seu passado modesto. Encontramos um exemplo especialmente terrível desse desdém na disputa entre o brilhante orador e Metellus Nepos, que, ao argumentar com Cícero em um tribunal, repetidamente perguntou: "Cícero, quem é seu pai?" Metellus Nepos não podia argumentar contra o caso de Cícero, e, assim, atacou o orador por sua origem humilde. Ataques à raça, à classe ou ao gênero do locutor são exemplos especialmente odiosos de argumentos *ad hominem*.

O ERRO

Um argumento *ad hominem* é simplesmente *irrelevante*: não contribui em nada para o argumento original em si, só diz algo sobre a pessoa à qual se dirige (embora, na verdade, diga mais sobre quem o emprega). Mas o caráter da pessoa construindo um determinado argumento não afeta a verdade deste ou a

validade da inferência. Assim é com o sujeito que afirma que a Terra gira em torno do Sol: o fato de ele ser um bebum mulherengo ou não em nada afeta a verdade de sua declaração. Assim como Galileu afirmou em um contexto diferente: "No entanto, ela se move."

A REFUTAÇÃO

Em um mundo ideal, não haveria necessidade de refutação nesse tipo de ocorrência falaciosa: se o oponente precisa recorrer a ataques pessoais, está claro que não tem nada a dizer contra o argumento em si. O simples fato de apontar isso, novamente, em um mundo ideal, deveria bastar para que você vencesse o debate.

Infelizmente, não vivemos nesse mundo ideal: ataques *ad hominem* são muito mais eficazes do que dignos. Pode-se retorquir um argumento *ad hominem* com outro, mas isso seria rebaixar-se ao nível do oponente. De qualquer forma, vale a pena mencionar qual foi a resposta de Cícero a Metellus: "No seu caso, sua mãe tornou a resposta a essa pergunta bastante difícil."

RELEVÂNCIA

As formas dos argumentos *ad hominem* mencionadas acima são, às vezes, chamadas *ad personam* (contra a pessoa), para distingui-las de ataques *ad hominem* dirigidos às causas do orador. Os exemplos que acabamos de discutir são claramente falaciosos, uma vez que são irrelevantes para o argumento em questão.

AD HOMINEM: CIRCUNSTANCIAL

Argumento ex concessis; apelo à motivação; interesse pessoal.

Informal	A pessoa A faz a alegação *P*. As circunstâncias de A desmoralizam a alegação *P*. Portanto, devemos desconsiderar *P*.

Destruir a credibilidade de um argumento apelando para alguns fatos sobre o proponente quando esses fatos são inconsistentes com a defesa do argumento feito pelo proponente, ou quando eles minam a credibilidade do proponente para apresentar o argumento.

EXEMPLO

> *"O CEO da Oil America afirma que a perfuração no Alasca terá um efeito ambiental insignificante. Mas não devemos acreditar: ele só está dizendo isso porque deseja obter permissão para perfurar!"*

EXEMPLO DA VIDA REAL

Podemos citar Mandy Rice-Davies, que forneceu provas para o Caso Profumo (julgamento de um dos maiores escândalos políticos do pós-guerra britânico) a respeito de seu relacionamento amoroso com o estadista lorde Astor. Pressionada pelo advogado de defesa, que apontou que lorde Astor negara sequer conhecê-la, Rice-Davies deu a célebre resposta: "Bem, ele diria exatamente isso, não diria?"

Um exemplo mais sério é fornecido pelo debate sobre vacinação. Muitos pais na Grã-Bretanha e nos Estados Unidos se recusam a vacinar os filhos contra doenças infecciosas fatais, temendo que a vacinação prejudique as crianças, causando autismo e doença intestinal. Quando perguntados por que pensam assim, uma vez que as evidências mostram de forma esmagadora que as vacinas não têm realmente esses efeitos adversos, eles normalmente apelam para os interesses específicos das empresas farmacêuticas, apresentando o que acham ser a prova: *é claro* que a indústria farmacêutica encobriria os efeitos adversos das vacinas; se não fizessem isso, perderiam mercado. Essa conduta é comum a muitos teóricos da conspiração.

O ERRO

Como qualquer *ad hominem*, este tipo de argumento é simplesmente irrelevante: não ataca o argumento em si, mas apenas seu proponente. O argumento é verdadeiro ou é falso, independentemente de quem seja o proponente: a alegação de que "a perfuração no Alasca terá um efeito ambiental insignificante" será igualmente verdadeira (ou falsa, dependendo dos fatos) se for feita pelo CEO da Oil America ou por um ativista do Greenpeace.

A REFUTAÇÃO

Como o *ad hominem* abusivo (ver p. 16), pode-se simplesmente apontar que essa resposta é irrelevante: a resposta deve ser dirigida ao argumento (*ad rem*), não à possível motivação do respectivo proponente.

Mas esse movimento nem sempre funcionará. Nos casos em que o proponente está prestando testemunho, suas circunstâncias podem ser relevantes. Então, o testemunho de lorde Astor de que não conhecia Mandy Rice-Davies é claramente inconsistente, já que ele não admitiria que manteve um relacionamento com uma acompanhante profissional. Da mesma forma, não podemos simplesmente aceitar a afirmação do CEO segundo a qual as atividades da Oil America não prejudicarão o meio ambiente uma vez que ele tem interesse natural em obter permissão para perfurar.

Assim, se seu oponente apelar a um interesse específico, você precisa mostrar que seu argumento pode resistir a um exame imparcial. Consequentemente, você precisa apresentar as provas para sua reivindicação e deixar seu oponente tentar encontrar furos (se houver) nela ou, então, recorrer a um terceiro, neutro, para obter um testemunho imparcial em apoio a suas reivindicações.

RELEVÂNCIA

Impugnar a motivação pessoal do proponente de um argumento é um tipo circunstancial de *ad hominem*; não é o único, no entanto. Outro tipo questiona se o proponente pode estar comprometido com seu argumento dadas suas outras verdades, sejam elas implícitas ou explícitas. Portanto, se o proponente argumenta que não tem o que esconder, você pode perguntar a ele: "Tem certeza disso?" O método socrático de perguntas e respostas parece seguir inteiramente esse procedimento; de fato, alguns autores* alegam que todos os argumentos filosóficos são reduzidos, em última análise, a esses *ad hominems* circunstanciais.

---

* Johnstone, *Philosophy and Argument*.

AD HOMINEM: CULPA POR ASSOCIAÇÃO

Informal	O oponente A argumenta que *P*. Mas uma terceira parte B também argumenta que *P*. B é desagradável. Por isso, devemos desconsiderar *P*. (Premissa implícita: se B é desagradável, devemos rejeitar tudo o que ele diz.) — ou — O proponente do argumento *P* está associado a B. Mas B é desagradável. Portanto, devemos rejeitar *P*.

Atacar um argumento lançando calúnias sobre pessoas ou organizações associadas ao proponente ou ao próprio argumento.

EXEMPLO

> *"John defende uma tributação mais elevada para os ricos. Mas Castro também defendia impostos mais altos para os ricos. Portanto, devemos rejeitar impostos mais altos para os ricos!"*

EXEMPLO DA VIDA REAL

Em 2008, Barack Obama (então candidato a presidente dos Estados Unidos) ficou sob fogo cruzado por se associar ao pastor Jeremiah Wright, cujos sermões continham comentários controversos sobre os ataques de 11 de setembro e a Guerra do Iraque. Hillary Clinton, Bill O'Reilly e Mark Steyn criticaram Obama pela associação. John McCain, verdade seja dita, defendeu o alinhamento entre o então candidato e o pastor, dizendo:

> *"Acho que, quando alguém apoia você, isso não significa que você apoia tudo o que essa pessoa diz. Obviamente, essas palavras e*

essas declarações são declarações as quais nenhum de nós gostaria de estar associado, e não acredito que o senador Obama apoie qualquer uma delas também."

O ERRO

Este argumento assume duas formas. Em uma, o locutor é o alvo da culpa presumida por associação; em outra, o argumento em si é que sofre esse ataque. A primeira hipótese claramente se trata de uma forma especialmente tola de argumento *ad hominem* abusivo (ver p. 16). O *ad hominem* abusivo ataca o caráter do proponente de um argumento, caráter este obviamente irrelevante para a veracidade ou falsidade das alegações do proponente; portanto, se isso é falacioso, também o é atacar os associados do proponente.

Uma resposta similar pode ser dada quando a carga é nivelada com o argumento. O *ad hominem* abusivo diz: se o proponente de *P* é desagradável, devemos rejeitar *P*. O *ad hominem* que usa a culpa por associação diz que se *P* tem *algum* proponente desagradável, devemos rejeitar *P*. No entanto, se é irrelevante para a verdade de *P* que seu proponente seja desagradável, *P* pode ser defendido por um terceiro, e, não importa o quão desagradável possa ser esse terceiro, isso é igualmente irrelevante para a verdade de *P*.

A REFUTAÇÃO

Mais uma vez, deve-se simplesmente ressaltar que a acusação do oponente é *irrelevante*: o que está em questão aqui não é o meu caráter, muito menos o dos meus amigos; o que importa é o argumento apresentado. Da mesma forma, não importa se alguma outra pessoa odiosa compartilha minhas crenças, pois isso por si só não impede necessariamente que sejam verdadeiras. A resposta, então, é simplesmente solicitar ao seu oponente que ele se atenha à questão.

RELEVÂNCIA

Quando é o argumento que é considerado culpado por associação, este é claramente uma *reductio ad hitlerum* (ver p. 168): "Você acredita que *P*, mas Hitler também acreditava que *P*: então devemos rejeitar o ponto de vista *P*." Mas Hitler acreditava em todo tipo de coisa, por exemplo, que a Terra gira ao redor do Sol. Isso não significa que, só porque Hitler acreditava que a Terra gira ao redor do Sol, deveríamos rejeitar a verdade dessa declaração.

No entanto, esse tipo de argumento pode, em certos casos, ser uma forma razoável de *ad hominem* circunstancial (ver p. 19), assumindo que o caráter dos associados ao proponente do argumento lança dúvidas razoáveis sobre a neutralidade do proponente. Então, se o proponente afirma que a perfuração da Oil America terá um efeito ambiental insignificante, sua pretensão à neutralidade poderia ser comprometida se fosse revelado que ele é o melhor amigo do CEO da Oil America. Se essa contraproposta é válida ou não, como no caso do *ad hominem* circunstancial, depende das circunstâncias.

AD HOMINEM: TU QUOQUE

Informal	O proponente apresenta um argumento *P* contra certo comportamento ou ação *Q*; mas o próprio proponente adota *Q*. Portanto, devemos desconsiderar *P*.

Minar um argumento contra determinada conduta ou ação pelo fato do próprio proponente se engajar em tal conduta ou ação.

EXEMPLO

"Meu pai sempre me adverte contra começar a fumar. Mas ele fuma um maço por dia! Então, por que eu deveria ouvir seus conselhos?"

EXEMPLO DA VIDA REAL

O ex-primeiro-ministro britânico David Cameron lançou uma iniciativa de aconselhamento sobre educação de filhos. No entanto, alguns comentaristas ressaltaram que Cameron não era ele mesmo um exemplo de bom pai: ele já havia esquecido seu filho no banheiro de um *pub*. O argumento se popularizou: "David Cameron acha que os pais britânicos se comportam mal. Mas uma vez Cameron esqueceu o próprio filho no banheiro de um *pub*, então quem é ele para criticar?"

O ERRO

Como todos os argumentos *ad hominem*, isto é simplesmente *irrelevante*: o caráter do proponente não afeta a verdade de um argumento. Mesmo quando o próprio proponente se engaja no comportamento criticado, não significa que ele esteja errado, ou que seja insincero, por condenar exatamente esse comportamento. O mero fato de um pai fumar não significa que ele não pode ter uma visão imparcial de que fumar é prejudicial, menos ainda que está *errado* quando diz que fumar é prejudicial.

A REFUTAÇÃO

Como na refutação dos demais argumentos *ad hominem*, você deve dizer a seu oponente que, em vez de se preocupar com a pessoa do proponente, ele deve analisar o argumento. Afinal, você está argumentando sobre os fatos abrangidos pela questão, não sobre seus próprios comportamentos. O pai no exemplo do cigarro tem uma crença razoável de que fumar é prejudicial; o fato de ele mesmo fumar não afeta em nada a verdade de suas alegações.

Ao menos, gostaríamos que as coisas fossem assim tão simples. Acaba sendo um movimento válido mostrar que seu adversário não pode manter uma posição razoável baseada em atitudes contraditórias (ver p. 19). As ações de uma pessoa parecem expressar exatamente tais compromissos implícitos (como dizem os antigos, "as ações falam mais alto que as palavras"): se eu espancar meus filhos, estarei, pelo menos implicitamente, comprometido com a opinião de que é certo bater nos meus filhos. Portanto, esse argumento pode ser uma forma de *ad hominem* circunstancial voltado para as crenças do locutor, especificamente, aquelas que são comprometidas por seus comportamentos. O título de um livro de G. A. Cohen faz a síntese adequada de tudo isso: "If You're an Egalitarian, How Come You're So Rich?" [Se você defende a igualdade, por que é tão rico?]

Para responder a esse tipo de argumento, você precisa mostrar que não está *comprometido* com seus comportamentos, que você não os adota por considerá-los certos, e sim porque você é, de certa forma, fraco. Assim, o pai fumante poderia responder: "Não fumo porque acho recomendável;

fumo porque sou viciado." Da mesma forma, Cameron poderia responder: "Não apoio o esquecimento de crianças em banheiros de *pubs* – eu o fiz porque às vezes falho" (naturalmente, julgar se esse episódio de esquecimento é um traço desejável em um estadista é outra história).

RELEVÂNCIA

O nome desse argumento significa "Você também!" em latim. Em outras palavras, você diz que determinado comportamento é errado, mas *também* o adota. É o sujo falando do mal lavado.

AFIRMAÇÃO DO CONSEQUENTE

Formal	*P* é inferido a partir da premissa maior “se *P*, então *Q*” e da premissa menor “*Q*”.

Fortalecer uma declaração mostrando a prova de uma consequência tangencial.

EXEMPLO

“Se tivesse uma doença mortal, eu tossiria. Acabei de tossir. Portanto, tenho uma doença mortal.”

EXEMPLO DA VIDA REAL

Homer Simpson, preocupado com o problema (inexistente) dos ursos em Springfield, organiza uma Patrulha Contra Ursos. Olhando ao redor de sua cidade, ele comenta com satisfação: “Não há um único urso à vista. A Patrulha Contra Ursos deve estar trabalhando que é uma maravilha!” Seu raciocínio pode ser formalizado assim:

> Premissa maior: *se a Patrulha Contra Ursos fosse eficaz, não haveria nenhum urso em Springfield.*
> Premissa menor: *não há ursos em Springfield.*
> Conclusão: *a Patrulha Contra Ursos é eficaz.*

O problema é que a instituição da Patrulha Contra Ursos não é a verdadeira razão pela qual não há ursos em Springfield, e sim o fato de que nunca existiu um urso sequer na cidade.

O ERRO

Este argumento é *formalmente* incorreto: ou seja, a conclusão simplesmente *não decorre* das premissas. Na condicional

"Patrulha contra ursos."

"se *P*, então *Q*", *Q* é uma condição *necessária* para *P*: se *P* existe, *Q deve* ser verdadeiro. Mas *P* é apenas uma condição *suficiente*, não *necessária* para *Q*: o antecedente não *tem de* ser verdade só porque o consequente é verdade.

Então, voltando ao exemplo da tosse: se eu tivesse uma doença mortal, eu tossiria. Mas não procede o movimento contrário de que, se eu tossir, tenho uma doença mortal.

Da mesma forma como aconteceu no exemplo dos *Simpsons*, se a Patrulha Contra Ursos *fosse* eficaz, não haveria ursos em Springfield. Mas o mero fato de não haver ursos em Springfield não mostra que a patrulha é eficaz – em Springfield simplesmente nunca existiram ursos.

A REFUTAÇÃO

Como a falácia é formal, a refutação consiste em simplesmente apontar a falácia: o locutor violou uma regra de lógica. Ainda assim, o ônus pode ser ter de mostrar que não se pode aceitar o inverso condicional: "Se *Q*, então *P*." Você pode fazer isso mostrando que a consequência inversa não se mantém. Então, suponha que seu amigo hipocondríaco diga:

> *"Estou tossindo, e as pessoas que têm uma doença fatal tossem; por isso, devo ter uma doença fatal!"*

Ele está usando implicitamente essa falácia. Você pode tranquilizá-lo ressaltando que, embora todas as pessoas com uma doença fatal possam de fato tossir, nem todos os que tossem têm uma doença fatal – as pessoas tossem por todos os tipos de razões relativamente inócuas.

No exemplo dos *Simpsons*, Lisa faz um paralelismo para tentar mostrar a Homer que o raciocínio dele está errado: "Esta rocha mantém os tigres longe daqui. Olha, funciona: você não está vendo nenhum tigre, está?" Claro que Homer não reconhece que isso também é falacioso e termina acreditando na pedra de Lisa.

RELEVÂNCIA

Declarações condicionais permitem que você faça inferências comuns, mas extremamente úteis. Tão comuns e tão úteis são essas inferências que a elas foram dados nomes latinos extravagantes por estudiosos medievais.

Portanto, se eu sei que *se P, então Q*, e também sei que *P* é o caso, também sei que *Q* é o caso: uma forma de inferência conhecida como *modus ponens* (o caminho da afirmação). Da mesma forma, se eu sei que *se P, então Q*, e eu sei que *não Q*, também sei que *não P*: se *P* fosse o caso, então *Q* teria de ser o caso; mas *Q* não é o caso, assim também *P* não pode ser. Isso é conhecido como *modus tollens*: o caminho da negação.

A falácia da afirmação do consequente é muito menos útil, mas tão comum quanto, por isso tem seu próprio nome latino: *modus morons* (o caminho da tolice).

AMBIGUIDADE

Formal	Um argumento na forma de "A é B, B é C, então A é C" (ou similar), em que os termos não têm um significado consistente nas premissas e na conclusão.

Um argumento no qual há um termo comum às premissas e à conclusão, ou comum a mais de uma das premissas, mas o termo tem um sentido diferente em cada instância.

EXEMPLO

"Peter é um jogador profissional de basquete baixo. Logo, Peter é um jogador profissional de basquete, e ele é baixo."

EXEMPLO DA VIDA REAL

O *Eutidemo*, de Platão, dá um exemplo maravilhoso:

Você diz que tem um cachorro, Ctesipo.

Sim, do tipo travesso.

E ele tem filhotes?

Sim, por pior que ele seja.

E o cachorro é o pai deles?

Sim, eu mesmo o vi cobrir a cadela.

E ele não é seu?

Certamente que sim.

Então, ele é um pai e é seu; logo, ele é seu pai, e os filhotes dele são seus irmãos.

O ERRO

Para que um argumento seja válido, seus termos devem ter um significado consistente. Portanto, em um silogismo padrão dizemos: "A é B, B é C, logo, A é C". Mas, se os termos A, B ou C tiverem um significado diferente em cada uma das premissas, o silogismo simplesmente não existirá: os termos são *parecidos*, mas têm um significado diferente a cada vez que aparecem.

Podemos ver essa dinâmica nos exemplos. No exemplo do basquete há uma inferência de que "Peter é baixo" a partir de "Peter é um jogador de basquete baixo". Dizer que "Peter é um jogador de basquete baixo" significa algo como "Peter está abaixo da altura média dos jogadores profissionais de basquete", enquanto "Peter é baixo" significa simplesmente "Peter tem uma altura inferior à média". Mas é inteiramente possível para um jogador de basquete baixo ser um homem alto: se Peter tem um metro e oitenta, ele está abaixo da média para um jogador da NBA, mas não deixa de ser um rapaz alto.

O exemplo de Platão, da mesma forma, traz um equívoco entre dois sentidos de "seu *x*". Podemos falar do cão do Ctesipo ou do pai de Ctesipo. No entanto, eles denotam relações muito diferentes: o cão de Ctesipo é aquele animal com o qual Ctesipo está relacionado *como dono*; o pai de Ctesipo é a pessoa da qual Ctesipo é parente *como descendente*.

Agora, há um sentido no qual o cão é o pai de Ctesipo: o cão é pai, e Ctesipo é dono de um cão; o cão é, portanto, *o pai de Ctesipo* (compare: o cão de Ctesipo é um cão sarnento e cheio de pulgas, portanto, o cão é o cão sarnento e cheio de pulgas *de Ctesipo*). Mas, claramente, isso não significa que a *relação* de Ctesipo com o cão seja de filho e pai.*

* A obra *Elencos Sofísticos*, de Aristóteles, analisaria isso como uma *falácia de acidente*. Os exemplos de equívoco de Aristóteles quase não são traduzíveis do grego, pois dependem das características específicas desse idioma, particularmente seu esquema de declinações. Por isso, é uma boa ideia para os filósofos aprenderem outras línguas: inferências que soam naturais em um idioma podem se tornar problemáticas quando traduzidas para outro.

A REFUTAÇÃO

Você precisa ser capaz de eliminar a ambiguidade dos termos do argumento, a fim de mostrar que o argumento os emprega indiscriminadamente em diferentes sentidos. Depois, deve reafirmar o argumento em termos que destaquem a ambiguidade. No exemplo do basquete, você poderia reformular o argumento assim:

P1. Peter está abaixo da altura média de um jogador de basquete.
*∴ Peter está abaixo da altura média.**

Agora, no entanto, o argumento nem parece válido: isso pressuporia a premissa adicional de que os jogadores de basquete têm altura média, o que é claramente falso.

RELEVÂNCIA

A *ambiguidade* enseja o *equívoco* – uma situação em que a mesma palavra tem significados diferentes. Entretanto, a ambiguidade é a noção mais ampla. O equívoco, a rigor, é uma ambiguidade semântica: a ambiguidade surge porque a mesma palavra se refere a coisas diferentes (por exemplo, banco). Por outro lado, a ambiguidade também pode decorrer da sintaxe de uma frase, que atribui à mesma palavra diferentes significados no contexto de sentenças diferentes. Então, no exemplo do basquete, "baixo" tem um significado diferente quando qualificado pelo termo "jogador de basquete"; no exemplo do cão, o significado de "seu *x*" depende daquilo a que *x* se refere.

O desenvolvimento da lógica foi motivado, em parte, pela necessidade de desenvolver uma linguagem imune a esse tipo de ambiguidade. Esse tipo de linguagem é artificial – com muitos rabiscos e símbolos substituindo palavras –, no entanto, é extremamente útil.

* P1 significa "premissa 1" (P2, premissa 2, P3...); o símbolo ∴ significa "portanto"

Alguns linguistas entusiasmados tentaram desenvolver uma linguagem *natural* sintaticamente inequívoca. As línguas Lojban e Loglan são dois exemplos disso; nenhuma das duas ajuda muito.

A ambiguidade sintática é frequentemente fonte de humor, conforme ilustra a clássica anedota de Groucho Marx: "Atirei em um elefante em meu pijama. Como ele entrou no meu pijama, eu nunca saberei", ou a manchete de jornal publicada em tempo de guerra: "French Push Bottles Up German Rear*". Como acontece com os *equívocos*, esses casos pertencem a um salão de festas ou confraternização, não a um ambiente de debate.

* Manchete de um jornal britânico durante a Primeira Guerra Mundial com significado ambíguo: (1) Ofensiva da França corta os suprimentos dos alemães; (2) França enfia garrafas na retaguarda alemã [N. E.].

AUTORIDADE ANÔNIMA

Informal	O argumento *P* é justificado pelo apelo a uma autoridade A cuja identidade não é (ou não pode ser) nomeada pelo proponente do argumento.

O proponente de um argumento o justifica apelando a uma autoridade não identificada.

EXEMPLO

> *"Os especialistas dizem que o glúten é ruim para você: portanto, eu deveria evitar o glúten."*

EXEMPLO DA VIDA REAL

As afirmações "é o que dizem" ou "os especialistas dizem" são a forma mais comum desse tipo de argumento ("Se você engolir chiclete, ele gruda no seu coração e você morre!" "Como você sabe disso?" "Bem, é o que dizem...").

O ERRO

Não há problema em apelar para a autoridade de um especialista no assunto em questão. Portanto, se eu disser, "Buracos negros emitem radiação", posso justificar essa afirmação apelando para a autoridade de Stephen Hawking. Mas não posso justificar minha crença quando não sou capaz de estabelecer as credenciais da autoridade para a qual quero apelar. Então, é ilegítimo dizer, "Meu amigo Bob me falou que os buracos negros emitem radiação", se Bob não sabe nada sobre física. Se apelamos a uma autoridade *anônima*, o anonimato impede que suas credenciais sejam verificadas; portanto, o apelo a esse tipo de autoridade é ilegítimo.

A REFUTAÇÃO

Desafie seu oponente a estabelecer as credenciais da autoridade que ele invoca. Então, se seu oponente afirmar, "*Dizem que engolir chiclete faz mal*", pergunte a ele: "Quem são *eles*, e onde se formaram em medicina?"

RELEVÂNCIA

Encontramos esse tipo de argumento o tempo todo – não apenas em debates formais, mas em discussões cotidianas ("Coma verduras: todos sabem que elas fazem bem.") Em um contexto cotidiano, claro, isso geralmente é bom: não é necessário apelar a um especialista para justificar o ato diário de escovar os dentes. No contexto de um debate mais formal, porém, a aceitação inquestionável e implícita da autoridade invocada em um argumento simplesmente não funciona: se você utilizar uma autoridade para dar suporte ao seu argumento, certifique-se das credenciais dessa autoridade.

APELO À RAIVA

Argumentum ad odium

<table>
<tr><td rowspan="1">Informal</td><td>O proponente justifica seu argumento a favor de P jogando com o sentimento de raiva do público.
ou
O proponente A argumenta P. O oponente B afirma que P o ofende, portanto, P deve ser falso.</td></tr>
</table>

Tentar defender uma posição explorando sentimentos de raiva, ressentimento e despeito provocados no público. Alternativamente: atacar o argumento de um oponente alegando que ele é enervante para você ou para seu público.

EXEMPLO

> *"Deixar que mais imigrantes entrem em nosso país? Essas pessoas que tiram nossos empregos, que vivem da previdência social, que comem todo tipo de lixo estrangeiro? Acho que não!"*

EXEMPLO DA VIDA REAL

Muita retórica populista se enquadra nessa categoria. Donald Trump é um exemplo especialmente instrutivo: seus ataques violentos a Washington, à imprensa, aos imigrantes, aos muçulmanos e a outras figuras, apesar de torná-lo um personagem ridículo perante a grande mídia, têm sido (até o momento da escrita deste livro) fundamentais para o sucesso de sua campanha eleitoral.

O ERRO

Os fatos são fatos, independentemente do que se sinta a respeito deles; só porque um fato nos irrita, isso não o impede de ser verdadeiro. O inverso também se aplica: se um demagogo leva uma multidão a acreditar que *P*, isso não torna *P* verdadeiro.

A REFUTAÇÃO

Esse é um movimento difícil de contrariar, não por ser particularmente complexo, mas porque o oponente, por assim dizer, abriu mão completamente do jogo da lógica: ele não está mais tentando estabelecer se o argumento é *correto*, mas apenas contando cinicamente com a mobilização dos sentimentos negativos do público, ou então está descontrolado demais para raciocinar corretamente.

Assim, embora seja possível indicar de forma convincente que seu oponente está argumentando de maneira falaciosa, isso pode ser ineficaz: a lógica, infelizmente, tem seus limites. A melhor resposta seria apelar para o lado benevolente da audiência: caso seu oponente tente atiçar o ódio contra um determinado grupo, responda de modo a reforçar a necessidade de tolerância e compreensão (boa sorte com isso).

RELEVÂNCIA

A lógica é uma ferramenta poderosa; seu poder, no entanto, tem seus limites. Então, ela frequentemente perde para a emoção, não porque a emoção seja mais confiável que o raciocínio, mas porque a emoção é simplesmente mais *contundente*.

APELO À AUTORIDADE

Argumentum ad verecundiam

Informal	Pessoa A afirma que *P*. Pessoa A é considerada uma autoridade. Portanto, *P*.

Tentar apoiar um argumento P sem oferecer nenhuma evidência direta de que P, mas apelando para o testemunho de uma autoridade A.

EXEMPLO

"Meu pai diz que os cientistas falsificaram ossos de dinossauros para desmoralizar o criacionismo. Portanto, o evolucionismo deve ser falso!"

EXEMPLO DA VIDA REAL

Algumas figuras da igreja cristã primitiva não acreditavam que a Terra era redonda porque isso contradizia a autoridade da Bíblia. Assim, o bispo de Gabala (século IV d.C.) argumentou que a Terra era plana porque é o que dizem as Escrituras: se ela fosse redonda, como poderia o Senhor "estender os céus como um forro e os armar como uma tenda para neles habitar" (Isaías 40:22)? Felizmente, as opiniões dos terraplanistas nunca se tornaram doutrina oficial.

O ERRO

Não há problema em justificar uma crença por meio de apelo à autoridade, desde que a autoridade seja um especialista no assunto em questão.

Assim, se John é um especialista em física nuclear, é razoável acreditar nas alegações que ele faz sobre, digamos, a possibilidade de fusão a frio; no entanto, seria tolo invocar sua autoridade de físico nuclear para se pronunciar sobre a pena de morte.

A REFUTAÇÃO

Exija prova das credenciais da autoridade sobre o assunto em discussão. Esta pessoa tem experiência relevante para o tema em questão? Se não, por que diabos você deveria escutá-la?

Mesmo que essa autoridade tenha conhecimento relevante, você ainda pode levantar dúvidas. A opinião de um especialista pode não representar o consenso na área, pois ele pode estar em uma posição minoritária e ser tratado como um excêntrico por outros especialistas. Da mesma forma, o especialista pode ter interesse em conseguir que as pessoas aceitem suas opiniões: ele pode fazer mau uso de sua expertise para obter um ou outro benefício pessoal. Portanto, você sempre poderá exigir uma segunda opinião ou confirmação de outros especialistas da área.

RELEVÂNCIA

Não podemos deixar de reconhecer a palavra de autoridades em cada etapa e aspecto das nossas vidas. Por exemplo, posso não compreender a aerodinâmica, mas não tenho problemas para embarcar em um avião porque sei que foi projetado por especialistas que asseguram que ele pode voar. Ainda assim, podemos aceitar tais pronunciamentos de especialistas com um pé atrás. Afinal de contas, um grupo de "especialistas" não necessariamente chegará a um consenso sobre determinado tema, pois eles não são necessariamente imparciais e, muitas vezes, pronunciam-se sobre temas que estão além de seus conhecimentos.

APELO À CELEBRIDADE

Informal	Celebridade A acredita que *P*. Celebridade A é famosa. Portanto, *P*.

Justificar uma crença com o argumento de que uma celebridade acredita que ela é verdadeira.

EXEMPLO

"A famosa atriz Astrid McStar disse que comer ervilhas provoca câncer. Então, vou parar de comer ervilhas!"

EXEMPLO DA VIDA REAL

Este argumento é tão bobo que seus defensores quase nunca o usam abertamente. Contudo, a maioria dos patrocínios de celebridades apela, implicitamente, a este tipo de raciocínio: Jennifer Aniston aprova o xampu L'Oréal, então, eu deveria comprar L'Oréal! (Afinal, *eu valho muito.*[*])

O ERRO

Este argumento é uma espécie de *apelo à autoridade* (ver p. 43), mas no qual a falha é mais facilmente aparente: ser uma celebridade quase nunca qualifica alguém para se pronunciar com autoridade sobre algum assunto. O fato de um cantor alcançar milhões de visualizações no seu videoclipe musical mais recente não o qualifica para se pronunciar sobre questões

* Referência ao famoso slogan da marca L'Oréal no Brasil, repetido frequentemente nas propagandas de seus produtos: "Porque você vale muito."

científicas; não devemos ouvir as opiniões políticas de um ator ou cineasta só porque seu último filme foi um sucesso.

A REFUTAÇÃO

Como em qualquer caso de apelo à autoridade, a resposta adequada é exigir credenciais apropriadas. Jennifer Aniston pode dizer que o xampu L'Oréal é o melhor, mas ela não é tricologista.

Existem, é claro, exceções a esta regra. Se um esportista endossa certa marca de tênis, seu testemunho tem alguma credibilidade: afinal de contas, ele precisa de bons calçados para ter sucesso em seu desempenho. Da mesma forma, é possível que Jennifer Aniston tenha tais cabelos fabulosos só porque os lava com a L'Oréal todas as noites (embora eu duvide disso). É claro, podemos ainda nos perguntar se a celebridade é honesta em seu endosso, afinal, esse endosso é pago.

RELEVÂNCIA

As pessoas caem nesta falácia mais de forma inconsciente do que consciente: podem acreditar em certas coisas porque alguma celebridade afirmou que aquilo é verdade, mas raramente usam isso para *justificar* suas crenças (quando o fazem explicitamente, é um evidente absurdo). Ainda assim, o endosso de celebridades é muito significativo: por qual outro motivo os anunciantes procurariam celebridades para endossar seus produtos, em acordos milionários?

APELO À CRENÇA COMUM

Argumentum ad populum

Informal	Todo mundo acredita que *P*. Portanto, *P*.

Justificar uma proposta com base no argumento de que muitas pessoas supõem que aquilo é verdade.

EXEMPLO

> *"Todo mundo sabe que o Sol gira em torno da Terra; portanto, o Sol gira em torno da Terra."*

EXEMPLO DA VIDA REAL

As lendas urbanas fornecem um excelente exemplo deste fenômeno. Isso pode ser ilustrado pelo filme Alligator (1980), que levou ao extremo a crença de que "todo mundo sabe que se você jogar um bebê crocodilo pela privada, ele crescerá e voltará para morder as bundas das pessoas".

O ERRO

Este tipo de argumento requer uma premissa oculta: "Se todos acreditam em uma certa coisa, essa coisa deve ser verdade." Mas esse princípio é falso. As pessoas são falíveis, indivíduos ou grupos. Como diz uma velha canção, em tradução livre, "todos eles riram de Cristóvão Colombo quando ele disse que o mundo era redondo". Portanto, não devemos tomar automaticamente como verdade uma crença só porque muita gente ou a maioria das pessoas acredita nela.

A REFUTAÇÃO

A melhor forma de replicar é mostrar que há boas evidências de que a maioria está errada. Por exemplo, você pode invocar a opinião de um especialista afirmando que a crença popular em questão é falsa; melhor ainda, você pode oferecer provas que contradizem a opinião da maioria.

RELEVÂNCIA

Este é outro exemplo de falácias que, em sua maioria, são perpetradas involuntariamente: casos em que as pessoas simplesmente não pensam o suficiente sobre essas crenças, mas as abraçam irrefletidamente só porque outras pessoas fazem o mesmo.

Todavia, há quem defenda esta prática invocando a chamada "sabedoria popular": ao passo que um indivíduo, por definição, tem experiência limitada e é propenso a cometer erros, estes tenderão a "se nivelarem" quando houver pessoas suficientes para ajudá-lo.

Entretanto, também devemos lembrar que a "sabedoria popular" tende a permitir que falsas crenças se tornem senso comum: se todos acreditam em algo só porque todos os outros acreditam, então é inteiramente possível que todos acreditem em algo falso. Isso é particularmente notável em crenças preconceituosas, como membros de grupos racistas que acreditam inquestionavelmente que as pessoas de outras raças diferentes são inferiores. A "sabedoria popular" é, muitas vezes, uma palavra de ordem para a loucura coletiva.

A propósito, o verso citado acima sobre Colombo é, em si, um exemplo da falácia *ad populum*. Ninguém riu de Cristóvão Colombo porque ele disse que a Terra é redonda: as pessoas sabiam disso desde os tempos da Grécia Antiga. Riram de Colombo porque ele tinha calculado erroneamente o tamanho da Terra, o que o fez afirmar que ela era muito menor do que realmente é. Com base nesse erro de cálculo, ele partiu em busca de uma passagem pelo oeste para chegar à Índia; foi um golpe de sorte o fato de ter havido um continente enorme e não descoberto no caminho.

APELO AO DESESPERO

O silogismo do político

Informal (embora também possa ser formal)	A situação *S* exige uma resposta. A ação *P* é proposta como solução, sendo que *P* é, na verdade, irrelevante para *S*.

Exigir que uma ação seja executada para resolver uma situação, independentemente de a ação proposta de fato ser uma solução para a situação em questão.

EXEMPLO

Este tipo de argumento foi canonicamente formulado na série britânica Yes, Minister:
P1. Algo deve ser feito!
P2. Isto é algo.
∴ Devemos fazer isto!

EXEMPLO DA VIDA REAL

Em 2012, nos Estados Unidos, os republicanos propuseram aumentar a idade para elegibilidade no Medicare, em um esforço para conter o crescente déficit orçamentário; uma pesquisa mostrou, no entanto, que fazer isso *aumentaria* o déficit a longo prazo. Paul Krugman analisou da seguinte maneira a proposta republicana:

P1. Os custos do Medicare exigem uma resposta séria.
P2. Aumentar a idade para usar o Medicare soa como uma resposta séria.
∴ Portanto, a idade para usar o Medicare deve ser aumentada!

O ERRO

Podemos analisar o problema com esta falácia de maneiras diferentes. Ela pode ser analisada como uma falácia *formal*, ou seja, um *equívoco* (ver p. 108), no sentido de que "algo" não significa a mesma coisa em *P1* e *P2*. Em *P1*, a palavra "algo" é a forma sintética de "algo *que resolverá a crise* deve ser feito"; em *P2*, no entanto, falta esta qualificação. Portanto, não há uma sequência lógica para a conclusão.

Além disso, mesmo que a solução proposta resolvesse o problema em questão, não significa que ela deva ser implementada; pode haver outras soluções, possivelmente melhores, para o problema. Adicionalmente, a solução proposta pode ser pior do que o problema original. Se eu tivesse um dedo infectado, uma solução seria amputá-lo. No entanto, isso não significa que eu *deva* amputar meu dedo – eu poderia, por exemplo, tratá-lo com antibióticos ou simplesmente decidir suportar a infecção por algum tempo.

A REFUTAÇÃO

Você pode salientar que a solução proposta se revelará ineficaz, que existem soluções alternativas para o problema em questão, ou que a cura proposta é pior do que a doença. Melhor ainda é usar essas três formas de refutação combinadas (desde que não se contradigam, é claro).

Assim sendo, se alguém afirma que o uso da maconha é um problema e argumenta que, para resolvê-lo, devemos prender os adolescentes que fumam maconha, você pode responder que prender usuários de drogas é *ineficaz* porque isso não impede que as pessoas usem drogas, que há melhores maneiras de lidar com isso (por exemplo, educação sobre drogas, programas de redução de danos) e que, de fato, a prisão de usuários cria mais problemas do que resolve a situação (em geral, é pior ir para a prisão do que fumar maconha).

RELEVÂNCIA

Este tipo de falácia é (graças à sua aparição na série britânica *Yes, Minister*) às vezes chamado de *silogismo do político*. Na série, um funcionário público sênior compara este tipo de inferência com o seguinte silogismo:

P1. Todos os gatos têm quatro patas.
P2. Meu cão tem quatro patas.
∴ *Portanto, meu cão é um gato.*

Neste caso, então, esta falácia poderia ser tomada como um exemplo de *afirmação do consequente* (ver p. 29). A primeira premissa diz que existe um curso de ação que precisa ser implementado. A segunda premissa diz que *esta* é uma ação. No entanto, não significa que esta ação em *específico* tem de ser implementada: precisaríamos de uma premissa adicional afirmando que *qualquer* ação deve ser implementada.

APELO À EMOÇÃO

Informal	O proponente *A* argumenta a favor ou contra a conclusão *P* recorrendo aos efeitos emocionais de *P*.

Construir a conclusão de argumento apelando para as emoções da audiência, em vez de trabalhar o assunto em questão.

EXEMPLO

> *"Reduzir o auxílio assistencial é cruel. Por isso, não devemos reduzir o auxílio assistencial!"*

EXEMPLO DA VIDA REAL

Sempre que você ouvir "pense nas crianças!" ou uma variação dessa frase, pode ter certeza de que esta falácia de apelo emotivo está à espreita. A Proposição 8 da Califórnia contra o casamento de pessoas do mesmo sexo, por exemplo, ou o Ato de 2011 contra pornografia infantil estabelecido nos Estados Unidos (que exigia que os provedores de internet, quando solicitados, informassem às autoridades os endereços de IP dos usuários) fariam apelos desta natureza. O efeito desta retórica é induzir uma reação nada racional: "se você se opõe a este projeto de lei, que tipo de *monstro* você é?"

O ERRO

Não há problema em apelar à emoção para efeito *pragmático* (ou seja, motivar seu público a fazer algo) – é comum precisarmos nos comover para agirmos. O erro está em apelar à emoção *em vez de* usar um argumento. Os fatos referentes ao assunto podem ser assustadores, repugnantes, ou nos deixar enfurecidos: mas eles ainda são os fatos, independentemente de como nos sentimos a respeito deles.

A REFUTAÇÃO

Argumentar contra esta conduta pode ser arriscado: se seu oponente já tiver mexido com as emoções do público, é provável que este já esteja cego e não vá mais considerar os fatos. Nessas circunstâncias, se você simplesmente apresentar os fatos de maneira racional e objetiva, há o risco de parecer rude e insensível. A melhor resposta é sustentar seu ponto de vista com apelos alternativos à emoção. Assim, ao argumentar que a ação de seu oponente de fato poria fim a *uma parte* do sofrimento, mas que a sua linha de ação evitará *ainda mais* sofrimento, você estará usando a tática do seu interlocutor contra ele, recorrendo, à comoção: seu oponente não se importa em evitar o sofrimento de *ainda mais* pessoas?

RELEVÂNCIA

Esta falácia é a forma genérica da qual outros apelos à emoção – *apelo ao medo* (ver p. 58), *apelo à compaixão* (ver p. 73) – são subtipos. A falácia é idêntica em todos os casos: o proponente sustenta seu ponto de vista sem apelar aos fatos, mas explorando as reações emocionais aos fatos. É uma falácia por essa exata razão: os sentimentos dos interlocutores sobre os fatos são simplesmente *irrelevantes* para estabelecer a veracidade ou a falsidade desses mesmos fatos.

Esta falácia também ocorre quando o problema não é um fato em si, mas uma questão de certo e errado. Assim, alguém que condena a homossexualidade pode dizer: "A homossexualidade é um erro, é *nojento*." O problema aqui, claro, é que essa reação emocional à homossexualidade não tem nenhuma relação com alguma demonstração de que essa opção sexual é certa ou errada. Pessoas diferentes têm atitudes diferentes em relação à homossexualidade; por que a reação emocional de um indivíduo deveria ter mais peso do que a de qualquer outra pessoa?

APELO À FÉ

Informal	O proponente *A* tem fé que *P*. Portanto, *P*.

Sustentar uma conclusão com base puramente na fé, em vez de fundamentá-la em algum argumento ou evidência de sua veracidade.

EXEMPLO

> *"Tenho fé de que o Senhor me protegerá do câncer. Portanto, não preciso deixar de fumar."*

EXEMPLO DA VIDA REAL

Praticamente todos os dogmas religiosos, quase por definição, apoiam-se nesta falácia até certo ponto. Ao defendê-los, alguns apologistas também apelarão para a razão: a *Suma Teológica*, de São Tomás de Aquino, por exemplo, é uma obra-prima de argumentação sutil e profunda em defesa do dogma católico. Outros apologistas religiosos atribuem um papel muito maior à fé. Por exemplo, aqui está o inimitável Tertuliano:

> *O que Jerusalém tem a ver com Atenas, a Igreja com a academia, o cristão com o herege?... Não vejo motivo para uma cristandade dialética, platônica ou estoica. Depois de Jesus Cristo, não há necessidade de especulação; depois do Evangelho, não há necessidade de pesquisa... Uma vez que achados eram o objeto de sua pesquisa e a crença foi o achado, a aceitação da fé exclui a necessidade de busca por outros significados.**

* Tertuliano, *A prescrição dos hereges*. Tradução livre.

Tertuliano prossegue nesta linha, mas sua mensagem já é muito clara: a razão não precisa justificar dogmas –a fé sozinha é capaz de justificá-los.

O ERRO

Este tipo de argumento simplesmente não fornece *razões* para a aceitação da veracidade de sua conclusão: seu proponente substitui evidências ou raciocínios por um apelo generalizado à fé. No entanto, argumentos convincentes requerem raciocínio e lógica; um apelo à fé não fornece nem uma coisa nem outra.

Além disso, tais apelos são ineficazes precisamente porque a fé não é universal. A fé não é de um tipo, mas de muitos; além disso, muitas pessoas têm total falta de fé. O apelo à fé feito por um proponente só funcionará com quem compartilha dessa fé; será totalmente ineficaz com os céticos.

A REFUTAÇÃO

Você pode simplesmente ressaltar que, apelando à fé, seu oponente fez uma admissão implícita de que não tem razões válidas para seu argumento. Mas esse movimento pode ser ineficaz, dependendo da força da fé do seu oponente e de seu público. Talvez seja melhor, então, para contrariá-lo em seu próprio território, mostrar como apelar à fé pode justificar *qualquer coisa* ou usar a fé do seu oponente para apoiar a *sua* conclusão.

Portanto, se seu oponente usa a proscrição de Levítico sobre homossexualidade para se opor ao casamento entre homossexuais, você poderia argumentar: "O Levítico *também* estabelece que você não deve usar fibras mistas, mas você está usando um terno de poliéster!" Como alternativa, pode-se dizer: "Muito bem, esse é o ensinamento do Antigo Testamento, mas o que dizer da mensagem de tolerância e de amor do Novo Testamento? Isso não deveria nos ensinar a aceitar a homossexualidade?"

RELEVÂNCIA

Esta falácia é tipicamente um *apelo à autoridade* (ver p. 43): acredito em algo porque este livro sagrado, ou esta autoridade religiosa, ou a luz do Espírito Santo me diz para acreditar. Esses argumentos são problemáticos porque há muitos livros sagrados e muitas autoridades religiosas, e nem todos estão de acordo sobre no que acreditar. Por exemplo, o Islã ensina que Deus é uma entidade única, enquanto a Igreja Católica afirma que Ele é trino; outras religiões podem ensinar que existem muitos deuses. Se o apelo à fé pode justificar toda essa variedade radical de conclusões, por que devemos acreditar em *qualquer uma* delas?

APELO AO MEDO

Argumentum ad metum

Informal	Ou é *P* ou é *Q*. *Q* é assustador. Portanto, *P*. ou *P* é apresentado de uma forma que mobiliza os medos preexistentes do público.

Justificar uma conclusão incutindo o medo das demais alternativas na sua audiência. Em outras palavras, justificar um curso de ação mobilizando os medos do público.

EXEMPLO

> *"Há um monstro debaixo da minha cama ou não há. Mas eu ficaria aterrorizado se houvesse! Portanto, o melhor é assumir que não há."*

EXEMPLO DA VIDA REAL

Este tipo de argumento é bastante comum entre pregadores fanáticos, que dizem que se você não acredita em Deus, queimará no fogo do inferno! Em outras palavras, você deve acreditar em Deus porque deve temer as consequências de *não* acreditar Nele.

Para o segundo tipo de *argumento do medo*, vejamos a promessa eleitoral de Donald Trump de banir os muçulmanos dos Estados Unidos. Trump deu muito pouca justificativa para sua proposta, tampouco expôs qual seria a eficácia presumida (e até mesmo se seria constitucional). Em vez disso, seu argumento teve como base o medo da audiência em relação aos muçulmanos, com uma linguagem demagógica que os demonizava: "algo ruim está acontecendo... algo realmente perigoso está acontecendo".

"Você precisa disso. Compre-me agora! Ou morra!"

O ERRO

Como em qualquer *apelo à emoção* (ver p. 53), este argumento é simplesmente *irrelevante*: os fatos são os fatos, independentemente de como eu me sinta em relação a eles. Quer eu tema uma conclusão ou não, não será isso que a impedirá de ser verdadeira.

Este argumento é mais frequentemente utilizado em contextos relativos a *ações*. Portanto, em um caso em que é necessário escolher entre a ação *P* ou *Q*, um proponente pode argumentar a favor de *P* fazendo *Q* parecer uma opção assustadora, ou seja, ele defende a tomada de uma ação mobilizando os medos do público. Isso não é, em si, inválido: os argumentos de Churchill a favor da Guerra não foram menos válidos por apelar ao medo da Alemanha nazista. Mas tal apelo é inválido quando o medo significativo é infundado.

A REFUTAÇÃO

O truque aqui é mostrar que não há nada a temer, ou que seu oponente está exagerando. Portanto, se não acredito em Deus, não acredito no inferno de qualquer maneira; então por que me preocupar?

Para que a refutação a essa falácia seja realmente eficaz, no entanto, você tem de estar no comando dos fatos. Então, se seu oponente está argumentando que os Estados Unidos devem invadir um pequeno país porque este acumulou um assustador arsenal de armas, peça-lhe que prove a existência desse arsenal. Se ele não conseguir, você pode demonstrar que ele está apenas jogando com os temores do público para o qual ele está falando. Se essa refutação fará seu oponente mudar de ideia, entretanto, é outra questão.

RELEVÂNCIA

Este argumento fundamentado no apelo ao medo, infelizmente, é muito usado pelos demagogos, que tentam reforçar seu poder manipulando os temores que seus seguidores têm de quem pensa diferente deles ou de grupos minoritários. Seja o caso de uma junta militar de direita explorando o medo que o público que a apoia tem de seus adversários socialistas, seja o caso de um governo antissemita manipulando o medo que seus apoiadores têm do povo judeu, o princípio permanece o mesmo: mobilizar os medos de seu público de tal forma que ele veja um grupo como ameaçador e a você como aliado.

Comumente, esta também é uma tática utilizada pelos anunciantes. "Use desodorante", dizem eles, caso contrário, você vai cheirar mal! "Deixe sua casa segura para seu filho pequeno (com nossos produtos); caso contrário, ele vai acabar tomando água sanitária!" A detecção de tais falácias não ajuda apenas no seu uso da lógica, mas também nas suas compras!

APELO A DEUS

Informal	"Deus exige que *P* deve ser feito. Portanto, *P* deve ser feito!"

Justificar uma ação com base na crença de que ela tem consentimento divino; em outras palavras, Deus quer que você faça isso.

EXEMPLO

> *"Por que assaltei todos aqueles bancos? Porque Deus mandou!"*

EXEMPLO DA VIDA REAL

A história bíblica de Abraão e Isaque (Gênesis 22:2-8) ilustra perfeitamente esta falácia. Deus ordena a Abraão que sacrifique seu filho Isaque em um altar. Abraão, sendo um homem devoto, segue as ordens de Deus e amarra Isaque a um altar, plenamente decidido a sacrificar o filho. Abraão só é detido no último minuto por um anjo, que, dizendo "agora sei que você teme a Deus", permite que Abraão sacrifique um cordeiro no lugar de Isaque.

O ERRO

Este argumento é uma espécie de *apelo à fé* (ver p. 55) e, consequentemente, apresenta a mesma vulnerabilidade: mesmo se partirmos do princípio de que *haja* um Deus, pode ser complicado determinar a vontade Dele. Seu oponente pode acreditar que o que ele está fazendo é uma ordem divina; entretanto, está sobre os ombros dele o fardo de provar a razão em assumir as próprias ações como sendo ditadas por Deus. Afinal de contas, Deus tem sido usado para justificar todo tipo de atos hediondos, sejam assassinatos em série, seja perseguição religiosa generalizada.

É melhor que seu oponente tenha alguma evidência convincente de que o que ele está propondo é realmente uma exigência de Deus.

A REFUTAÇÃO

Você pode simplesmente dispensar este tipo de argumento, mostrando que é um apelo à fé: seu oponente pode alegar que Deus exige que isso e aquilo seja feito, mas ninguém mais tem motivos para acreditar nisso.

Você também poderia perguntar *por que* Deus exigiria tal coisa. Será que Deus ordenou uma determinada ação por que é boa? Se assim for, o *apelo a Deus* é supérfluo: a ação é justificada de qualquer forma, já que ela é boa. Ou ela é boa só por que Deus a ordenou? Mas se a vontade de Deus estabelece o certo e o errado, então isso poderia justificar *qualquer coisa*, até mesmo um pai matar o filho primogênito (como no relato de Abraão e Isaque). Podemos realmente justificar as ações por aquilo que diz um único indivíduo, por mais poderoso que Ele possa ser?

RELEVÂNCIA

A refutação acima ao *apelo a Deus* é às vezes chamada de "Dilema de Eutífron", baseada em um argumento análogo em *Eutífron*, de Platão. Eutífron, um fanático religioso, acredita ter a chancela divina para processar seu pai por assassinato: sua ação é santa, é amada pelos deuses. Sócrates lhe pergunta, simplesmente: "Os deuses amam algo por que é sagrado, ou algo é sagrado por que os deuses o amam?" Eutífron vive sua vida de acordo com ditos divinos – ou o que ele assim considera –, mas ele não sabe responder nem mesmo a esta simples pergunta sobre a razão pela qual o édito divino é válido.

APELO À LUA

Informal	A Sociedade S, ou pessoa P, realizou F. Portanto, a sociedade T, ou pessoa Q, deve ser capaz de executar a proeza G!

Argumentar que, porque uma pessoa ou sociedade conseguiu algo grande (por exemplo, mandar o homem à Lua), outra pessoa ou sociedade deve ser capaz de realizar outro feito de magnitude semelhante.

EXEMPLO

"Se conseguimos chegar à Lua, com certeza chegaremos à cura do câncer!"

EXEMPLO DA VIDA REAL

Após a crise financeira de 2008, o governo americano gastou centenas de bilhões para garantir que grandes bancos e outras instituições financeiras não falissem. Portanto, havia menos dinheiro para gastar em bem-estar social, defesa, infraestrutura etc. Mas, os críticos argumentaram, se o governo poderia se dar ao luxo de gastar bilhões para salvar os bancos, certamente poderia dispender quantia semelhante para financiar programas de bem-estar social.

O ERRO

Podemos entender este tipo de argumento como uma espécie de *apelo à possibilidade* (ver p. 75). Seguindo esse raciocínio, a sociedade conseguiu o grande feito inicial, considerado impossível; portanto, ela pode certamente conseguir outro grande feito, mesmo sendo igualmente considerado impossível. Mas as duas proezas são diferentes. Portanto, nem sequer está dado que seja *possível* alcançar a segunda façanha, muito menos que seja *provável*.

A REFUTAÇÃO

Primeiro, ressalte que o argumento de seu oponente é simplesmente *inválido*: o fato de que uma coisa difícil tenha sido alcançada não significa que outra coisa difícil também pode ser alcançada. As dificuldades associadas a esta última proeza não são afetadas pela realização da primeira façanha. Você deve, então, ressaltar a magnitude das dificuldades; talvez levar um homem à Lua seja relativamente simples em comparação com a cura do câncer.

RELEVÂNCIA

Este argumento pode ser formalmente inválido, mas, quando usado de modo correto, sua mensagem subjacente parece sólida. Não tenha medo de sonhar grande: as pessoas podem, e conseguem, alcançar grandes coisas. Afinal de contas, colocamos um homem na Lua!

APELO À NATUREZA

Informal	*P* é natural, portanto *P* é bom; ou, *P* não é natural, portanto *P* é ruim; ou, *P* é natural, *Q* não é natural, portanto *P* é melhor do que *Q*.

Fundamentar o valor de algo apelando a seu atributo de ser natural; em outras palavras, alegar que algo é bom porque é natural, ou ruim porque não é natural.

EXEMPLO

> *"A homossexualidade não é natural: o corpo simplesmente não foi projetado para esse tipo de coisa. Então, é errado!"*

EXEMPLO DA VIDA REAL

O seguinte anúncio dos cigarros Natural American Spirit sintetizou o apelo à natureza:

> *SABOR DA NATUREZA.*
> *E NADA MAIS.*
> *Você nunca encontrará aditivo algum em nosso tabaco. O que você vê é o que você recebe. Simplesmente 100% tabaco natural de folha inteira. Sabor verdadeiramente autêntico do tabaco. É natural.*
> (tradução livre.)

O anúncio assume implicitamente (ou convida o leitor a assumir) que, enquanto os "aditivos" desagradáveis são ruins, o tabaco em si deve ser saudável porque é natural. Esquecem de mencionar, é claro, que este "100% tabaco natural" é precisamente o que mata você.

"100% arsênio totalmente natural."

O ERRO

Este tipo de argumento pressupõe, implícita ou explicitamente, que o que é "natural" é bom, ao passo que o que é "não natural" é ruim. Mas esta dicotomia é obviamente falsa: a geleia é "não natural", o cogumelo cicuta-verde é "natural", mas isso não quer dizer que o cogumelo seja melhor do que a geleia para você pôr na torrada.

A REFUTAÇÃO

Você deve refutar adaptando sua resposta ao argumento de seu oponente. Às vezes, o melhor modo de fazer isso é desafiá-lo no contexto da dicotomia implícita "natural = bom/não natural = ruim". Então, se seu oponente argumenta que, digamos, a medicina herbal é melhor do que a medicina farmacêutica, com o argumento de que a medicina herbal é "natural", você deve ressaltar que a medicina farmacêutica geralmente é mais eficaz no tratamento das doenças.

Você poderia também questionar se faz sentido a distinção que seu oponente apresenta entre "natural" e "não natural". Se seu oponente argumenta que a homossexualidade é errada porque não é natural, você poderia argumentar que o comportamento homossexual também é observado nos animais – como, então, poderia ser considerado antinatural? Além disso, você pode questionar se devemos fazer esse tipo distinção. O homem não faz parte da natureza? Não são sua inteligência e inventividade parte de sua natureza? Como, então, pode alguém afirmar que os produtos de seu intelecto são de alguma forma "não naturais"?

RELEVÂNCIA

Este argumento é frequentemente usado por todo tipo de charlatão: os defensores dos medicamentos "naturais", os darwinistas sociais (e sua mais encantadora expressão, o nazismo), ou moralistas tradicionalistas. Todos eles estabeleceram uma dicotomia normativa entre o "natural" e o "não natural"; uma dicotomia que não é, como já vimos, livre de problemas.

A distinção entre "natural" e "não natural" (ou "artificial", "convencional") na filosofia ocidental começa com os sofistas (c. V-IV a.C.), alguns dos quais usaram esta distinção para denegrir o convencional em favor do natural. Um exemplo particularmente memorável disso é fornecido por Cálicles, uma figura desconhecida que aparece no diálogo *Górgias* (*Diálogos*, de Platão). Nesse diálogo, Cálicles denigre a moralidade "convencional" (democrática, igualitária) em favor da doutrina do "o poder faz o direito", sob o argumento de que é a lei universal da natureza que os fortes devem governar os fracos. Contra essa afirmação Sócrates desfere o golpe final com o seguinte argumento: se muitos indivíduos juntos são *coletivamente* mais fortes do que um único indivíduo, por mais forte que este seja, então eles têm (segundo os próprios princípios de Cálicles!) o direito de governar este único homem forte.

Nota: este argumento, às vezes, é confundido com a *falácia naturalista* (ver p. 150), mas são conceitos muito diferentes. A *falácia naturalista* se direciona a questionar que tipo de atributo que a bondade é, não se a natureza é ou não "boa".

APELO À NORMALIDADE

Informal	P é normal, portanto, P é bom; alternativamente, P é anormal, portanto, P é ruim.

Julgar se algo é bom ou ruim, dependendo de esse algo é ser normal ou não.

EXEMPLO

"As pessoas normais ouvem as músicas recém-lançadas, não Bach. Portanto, ouvir os Concertos de Brandemburgo *está errado!"*

EXEMPLO DA VIDA REAL

O apelo do presidente Nixon à "maioria silenciosa" tem ecos desta falácia. Em resposta à turbulência política do final dos anos 1960, Nixon argumentava que os protestos contra a Guerra do Vietnã, ou a favor dos direitos das mulheres e minorias, por mais vocais que fossem, não representavam os pontos de vista dos americanos "comuns". Esta retórica encorajou as pessoas a ignorar os manifestantes com o argumento de que eles eram "anormais". A lógica subjacente parecia ser: "*Você* é o americano comum e normal; eles são os 'outros', a minoria; você deve ignorá-los porque são anormais."

O ERRO

Às vezes, "normal" é legitimamente uma palavra equivalente de "bom"; por exemplo, se um médico diz "ele está respirando normalmente", significa que o paciente está bem; se o médico disser "a respiração dele está anormal", geralmente há um problema. Mas quando o que é "normal" é apenas o que a maioria das pessoas faz, acredita ou gosta, então não há esta conotação *normativa*. Só porque a maioria das pessoas prefere Justin Bieber a Bach, não significa que o primeiro seja de forma alguma superior a este último. Além disso, as opiniões da maioria podem mudar, como no caso do apelo de Nixon à então "maioria silenciosa". Assim, alguns pontos de vista da dita "minoria" tornaram-se agora "normais": quem hoje em dia defenderia os valores de Nixon?

A REFUTAÇÃO

Você pode ressaltar que, em questões subjetivas como as de gosto, a opinião da maioria não torna as coisas certas ou erradas; você não está *errado* só porque quase ninguém gosta daquilo de que você gosta.

Além disso, ao valorizar o que é normal e denegrir o que é diferente, seu oponente está comprometido com uma visão conformista do mundo, na qual não há espaço para individualidade ou para a não conformidade. Mas o mundo precisa de pessoas que não concordem com a opinião da maioria: elas são os visionários que abrem novos caminhos nas artes, nas letras e nas ciências.

RELEVÂNCIA

Este argumento é uma forma de *argumentum ad populum* (ver p. 47): se a *maioria* das pessoas (isto é, as pessoas "normais") pensa que algo está certo, então elas *devem* estar certas. Mas esta inferência não é apenas inválida, é também perigosa, preparando o terreno para o que J.S. Mill chamou de *tirania da maioria*: um estado de coisas em que as opiniões minoritárias podem ser consideradas erradas ou maléficas só porque se opõem à maioria. É verdade, uma sociedade saudável precisa de conformistas, mas também precisa de pessoas que vão contra a maré e seguem o próprio caminho.

APELO À COMPAIXÃO

Argumentum ad misericordiam, ou o argumento Galileu

Informal	O argumento *P* é justificado invocando-se a compaixão do oponente.

Tentar dar suporte a uma posição sem argumentos ou provas em favor dela, mas apelando aos sentimentos do oponente de compaixão ou culpa.

EXEMPLO

> *"Sei que me enganei em todas as perguntas do exame, mas preciso de uma nota 10 para conseguir uma bolsa de estudos. Portanto, você deve me dar um 10!"*

EXEMPLO DA VIDA REAL

Uma velha piada expressa bem esta falácia: "Sei que você me pegou matando meus pais com um machado, mas não mereço ser punido! Você não puniria um órfão, puniria?"

O ERRO

Esta falácia é um tipo específico de *apelo à emoção* (ver p. 53) e apresenta a mesma vulnerabilidade que aflige estes tipos de falácia: os sentimentos de uma pessoa são irrelevantes para os fatos. Se eu afirmar que dois mais dois são cinco, *não importa* meu estado de saúde, se acabei de me divorciar, ou se amputei uma perna; tenham compaixão de mim ou não, ainda estarei errado.

A REFUTAÇÃO

A resposta mais simples seria apontar a irrelevância do argumento: seu oponente não está de forma alguma apoiando o ponto de vista dele, mas simplesmente manipulando os sentimentos alheios. É claro, você pode parecer insensível com esta refutação. Como alternativa, você poderia usar contra seu oponente a própria técnica retórica dele, ao apontar o quão cínico ele está sendo ao usar este tipo de truque: ele está apenas contando ao público uma história triste para esconder seu erro ou a ausência de argumentos. Expondo-o assim, você poderia fazê-lo perder a condescendência que ele está tentando atrair.

RELEVÂNCIA

Este argumento é muito popular em defesas legais centradas na noção de que se deve inocentar o criminoso em razão de suas circunstâncias lamentáveis. Em alguns casos, tal defesa é válida, não se pune um homem que rouba um pão para alimentar a família. Em outros casos, ela é equivocada, como no exemplo do órfão que matou os pais.

Este argumento, às vezes, é chamado de *argumento de Galileu* em razão dos sofrimentos do grande cientista italiano. A denominação é um pouco equivocada, pois os argumentos de Galileu eram baseados em observação rigorosa e dedução lógica, não em compaixão. Na verdade, foi a solidez lógica de seus argumentos que lhe trouxe tantas adversidades.

APELO À POSSIBILIDADE

Informal	*P* é possível, portanto *P*.

Afirmar que algo é ou será o caso com base na mera possibilidade de que seja o caso.

EXEMPLO

> *"É possível que o Sol não nasça amanhã. Portanto, o Sol não nascerá amanhã!"*

EXEMPLO DA VIDA REAL

"Catastrofização" – um modo de pensar segundo o qual o pior cenário se concretizará – é um excelente exemplo disso. Você imagina a pior coisa que pode acontecer com você e, então, convence-se de que ela acontecerá – você perderá o emprego, a esposa, os filhos, a casa etc., mesmo que você não tenha provas de que *alguma* dessas situações acontecerá.

Por mais falho que seja este pensamento, ele foi, no entanto, imortalizado na Lei de Murphy: "Se alguma coisa pode dar errado, ela vai dar errado"; ao qual a Lei de Sod acrescenta o adendo: "... e no *pior momento possível*".

O ERRO

O argumento é, basicamente, uma falácia *modal*: nem tudo que é possível é *real*. Afinal de contas, é *possível* que Marte seja habitado por nabos inteligentes, ou que a União Soviética poderia ter ganhado a Guerra Fria, ou que o Sol não nascerá amanhã; no entanto, a possibilidade não torna realidade nenhuma destas afirmações.

As coisas se tornam mais complexas quando estamos lidando com *probabilidades*: quando o resultado previsto

provavelmente acontecerá, mas não *certamente*. Assim, é *provável*, digamos, que um cavalo chamado "Too Good for Glue" [Bom demais para colar] vença o Kentucky Derby, competição tradicional de turfe; as chances dele estão em 1:4. Mas não é *certo* que ele ganhará. Portanto, seria melhor para você não apostar suas economias.

A REFUTAÇÃO

Seu oponente tenta levá-lo a concluir que algo é o caso apenas porque *poderia* ser o caso. Mas há uma enorme lacuna entre a *possibilidade* e a *realização*. Você pode perguntar qual é a *probabilidade* de o que ele está dizendo é ou virá a ser realidade. Então, suponha que seu oponente acredite que a chegada do homem à Lua foi simulada: afinal, isso é *possível*, não é? Contudo, o pouso na Lua envolveu milhares de pessoas; para que fosse uma fraude, seria necessário que *todas* elas mantivessem segredo a respeito, e que nem uma única delas vendesse a história para a imprensa por alguma fortuna. Qual é a probabilidade desse cenário?

RELEVÂNCIA

Esta falácia parece estar implícita a outras, tais como a do *terreno perigoso* (ver p. 175). É certamente *possível* que uma pequena mudança leve a outra, e depois a outra, e assim por diante, até que haja uma mudança verdadeiramente catastrófica. Entretanto, isso não significa que todas as suposições se tornarão *realidade*, ou nem mesmo que seja *provável* que se tornarão realidade.

APELO À RIDICULARIZAÇÃO

Reductio ad ridiculum

Informal	Proponente A argumenta que *P*. Oponente B ataca *P*, ridicularizando-o, sem abordar o argumento subjacente a *P*.

Atacar o argumento de um oponente sem abordar o assunto em questão, mas sim recorrendo ao escárnio: por exemplo, repetir o argumento em um tom sarcástico.

EXEMPLO

> *"Então você diz que Deus, esta fada mágica do céu, criou o mundo. Por favor, fale mais sobre este ser mágico, adoro histórias engraçadas!"*

EXEMPLO DA VIDA REAL

Nas eleições presidenciais de 2008, Obama alegou que nós, os cidadãos americanos, poderíamos fazer a nossa parte para reduzir a dependência dos Estados Unidos em relação ao petróleo; por exemplo, se os pneus do seu carro estão calibrados, é possível diminuir o consumo de gasolina. Seu oponente, John McCain, e os vários aliados de McCain na mídia conservadora fizeram uma festa com a declaração de Obama. Eis a resposta do senador McCain:

> *"Ele realmente pensa que o aumento dos impostos sobre o petróleo abaixará o preço do combustível na bomba. Ele está alegando que calibrar os pneus é o equivalente – é o equivalente à perfuração de novos poços de petróleo. Isso não é um plano energético, meus amigos. Isso é um anúncio público de serviço!".*

Não há aqui nenhum argumento real, é claro: o senador McCain apenas expõe a posição de seu oponente e tenta fazê-la parecer uma bobagem tanto quanto possível.

O ERRO

Isto simplesmente não é um *argumento*. O seu oponente não está oferecendo nenhuma evidência ou mostrando por que seu argumento é inválido, nem acrescentando nenhum novo conteúdo substancial ao debate: ele está apenas fazendo seu argumento soar como uma tolice.

A REFUTAÇÃO

Pergunte a seu oponente se ele realmente tem uma refutação ou se ele só quer desperdiçar o tempo do público com zombarias.

RELEVÂNCIA

Este tipo de argumento pode não ser válido, mas pode, no entanto, ser eficaz. Ridicularizar o argumento de um oponente não só implica que o argumento é insensato, mas também que o *próprio oponente* é insensato por tê-lo usado. Mas, fundamentalmente, ridicularizar um argumento transmite ao *público* a mensagem de que *ele mesmo* seria tolo se acreditasse em tal argumento: "Somente pessoas estúpidas acreditariam no argumento do meu oponente – e você não é estúpido, certo?" O *apelo* à *ridicularização* efetivamente encerra o exame crítico de sua posição, e é por isso que ele pode ser tão eficaz.

APELO À TRADIÇÃO

Informal	*P* é tradicionalmente tido como verdade. Portanto, *P*. (Premissa implícita: qualquer coisa tradicionalmente tida como verdade é verdade.)

Argumentar que algo é verdadeiro ou tem valor alegando que este algo é tradicionalmente tido como verdade.

EXEMPLO

> *"O lugar de uma mulher é em casa; afinal de contas, tem sido assim tradicionalmente desde tempos imemoráveis!"*

EXEMPLO DA VIDA REAL

O futebol americano tem sido alvo de análises recentemente em razão de uma crescente consciência sobre danos a longo prazo no crânio e na coluna que podem acometer os jogadores. Em resposta aos apelos de banimento do esporte em escolas secundárias e universidades, alguns defensores dessa modalidade de futebol fizeram um *apelo à tradição*: é claro que devemos manter o esporte do jeito que ele sempre foi, é uma tradição americana consagrada pelo tempo. Eles alegaram isso sem esclarecer a razão pela qual um esporte que causa tais lesões deveria ser considerado uma tradição digna.

O ERRO

Seu oponente argumenta, pelo menos implicitamente, que o que é tradicional é bom *porque* é tradicional. Mas claramente há tradições perversas (a prática da mutilação genital feminina, por exemplo), bem como existem aquelas que são factualmente incorretas (a crença outrora popular de que o Sol gira em torno da Terra, por exemplo). Se as tradições podem ser desmascaradas, um apelo à tradição não tem autoridade alguma para mostrar o que é bom ou correto.

A REFUTAÇÃO

Comece salientando que a premissa de seu oponente é infundada: a tradição, por si só, não pode justificar nada. Depois, você pode simplesmente apontar como a tradição à qual seu oponente apela é prejudicial. Assim, o lugar da mulher foi *tradicionalmente* o lar ao longo de uma grande parte da história humana, mas isso é extremamente nocivo à realização pessoal da mulher; *tradicionalmente,* a sociedade julgava a homossexualidade um pecado, mas esse julgamento impôs sofrimento aos homossexuais; as pessoas podem ter *tradicionalmente* em bares fumado em outras épocas, mas agora sabemos que o fumo é prejudicial à saúde também dos funcionários e dos clientes não fumantes.

RELEVÂNCIA

Este erro é um tipo de *argumentum ad populum*; entretanto, o *populum* a quem o *argumentum* é *ad* abrange tanto os mortos como os vivos: devemos acreditar em determinada coisa porque a maioria de nossos antepassados acreditava nela. Mas, como no caso do *argumentum ad populum*, aquilo no que nossos ancestrais acreditavam não era necessariamente correto; na verdade, a ignorância deles foi agravada pela fé que tinham na tradição.

Tenha em mente, no entanto, que as tradições podem codificar a sabedoria da comunidade, mesmo que seus integrantes aparentemente não traduzam essa sabedoria em suas ações. As tradicionais restrições ao sexo fora do casamento, por exemplo, fazem parte de uma rede de crenças e práticas sobre o casamento, a procriação e a legitimidade; atacar essas restrições gera o risco de abalar todas essas outras práticas, das quais a estabilidade da comunidade depende. Naturalmente, o ônus da prova está sobre a pessoa que defende essas práticas.

ARGUMENTO DA IGNORÂNCIA

Argumentum ad ignorantiam

Informal	O proponente *A* argumenta que *P* com base na falta de evidências de que *P* seja falso; alternativamente, ele argumenta que *P* é falso porque não há provas de *P*.

Justificar uma conclusão apelando para a falta de provas de que seja falsa; alternativamente, assumir que algo é falso por falta de provas de que seja verdade.

EXEMPLO

> *"Por que você não acredita que os alienígenas estão entre nós nesse exato momento? Que provas você tem de que essa crença está errada?"*

EXEMPLO DA VIDA REAL

Na década de 1950, o senador Joseph McCarthy conduziu uma explícita caça às bruxas contra comunistas e simpatizantes comunistas, que ele acreditava terem se infiltrado em todos os níveis das instituições americanas. Fornecendo provas contra supostos comunistas no Departamento de Estado, o senador declarou sobre um dos casos:

> *"Não tenho muitas informações a respeito disso, exceto a declaração genérica da agência de que não há nada nos arquivos para refutar suas conexões comunistas."*

Em outras palavras, devemos assumir que o agente em questão era um comunista porque não sabemos se ele não era comunista.

O ERRO

O mero fato de não termos conhecimento sobre alguma coisa, ou não conseguirmos encontrar prontamente evidências a seu favor, não significa necessariamente que ela seja falsa. Na maioria dos casos, claro, é uma boa ideia *não acreditar* em algo se não há provas adequadas para isso. Entretanto, mesmo que *não se deva acreditar* que alguma coisa é verdade, isso não implica que se deva *acreditar que é falsa*: o agnosticismo, até que haja mais provas, é sempre uma opção. Certamente, se não se deve acreditar que uma coisa é falsa sem provas de sua falsidade, isso não significa que se deva acreditar que essa coisa seja verdade.

A REFUTAÇÃO

Relembre a seu oponente a distinção crucial entre *ausência de provas* e *provas de ausência*. Então, não haver evidências que confirmem determinada coisa não é, por si só, motivo para *duvidar* dessa coisa. Pode haver outras razões para que as provas não estejam disponíveis. Assim, podemos não ter nenhuma evidência de alienígenas, mas isso não significa que devemos duvidar de que eles existem: o universo é enorme, e os alienígenas podem estar escondidos em algum lugar.

Tais considerações sobre as evidências disponíveis são especialmente importantes quando este tipo de argumento é mobilizado para provar uma negação: se você não pode provar que estou errado, eu estou certo! Primeiro, lembre a seu oponente de que *ele* precisa de alguma prova positiva de que está certo. Em segundo lugar, ressalte que ele está essencialmente pedindo que você prove uma negativa, o que é um pouco difícil. Afinal de contas, como você poderia *refutar* a existência de alienígenas sem explorar cada centímetro do universo? Se ele não ceder, você pode reduzir a posição dele ao absurdo, mostrando que a manobra dele permite justificar

qualquer coisa. Portanto, se você aceitar o argumento do seu oponente, ele deve também aceitar que há fadas no fundo do jardim já que ele não pode provar que não há e, pela própria lógica do seu oponente, se não se pode refutar alguma coisa, você deve aceitá-la.

A RELEVÂNCIA

Este argumento pode ser entendido como um *falso dilema*. Ou eu acredito em *P*, ou eu não acredito; se não tenho motivos para acreditar que *P*, a única alternativa é acreditar que *não P*. Mas a negação de "acreditar que *P*" não é "duvidar que *P* seja possível", e sim simplesmente "não acreditar que *P*", condição satisfeita tanto pelo agnóstico como pelo ateu.

Este tipo de argumento, como já vimos, às vezes envolve *prova de não existência* (ver p. 159): se eu não puder mostrar que *P* é falso, devo acreditar que *P*. Mas a *prova de não existência* é uma tarefa complicada.

TAXA BÁSICA

Informal	Ao determinar a probabilidade de um evento *E*, a taxa básica de probabilidade de *E* acontecer é desprezada, e fatos específicos sobre o caso são utilizados em seu lugar.

As informações sobre a probabilidade geral de um evento são ignoradas quando se estima a probabilidade de ele ocorrer em um determinado caso.

EXEMPLO

Suponha que você tenha desenvolvido um teste para a doença X, que, embora rara – apenas uma pessoa a cada mil sofre com isso –, é sempre fatal. Seu teste não dá falso-negativos, mas tem 5% de chance de dar um falso-positivo, o que significa que, se a pessoa testada tiver a doença, o teste sempre dirá; entretanto, se ela não tiver a doença, é possível que o resultado seja positivo porque o teste produz um resultado positivo errôneo em 5% das vezes.

Agora, suponha que Bob faça o teste para a doença e o resultado seja positivo. É claro que pode ser um falso-positivo – mas apenas 5% dos casos são falso-positivos. Então, Bob pensa que se há 95% de chance de ele ter contraído a doença, conclui que chegou a hora de colocar seus negócios em ordem.

Muita calma nesta hora! Se forem selecionadas aleatoriamente mil pessoas entre a população e elas forem testadas, uma delas pode ter a doença e o respectivo resultado será positivo. Mas, como já dito, o teste tem taxa de 5% de falso-positivos. Portanto, 50 pessoas adicionais testarão positivo para a doença X. Assim, a probabilidade de que Bob tenha a doença X é de fato 1 em 51: a esmagadora probabilidade é de que ele não tenha a doença.

EXEMPLO DA VIDA REAL

Os praticantes da cura pela fé e da medicina "alternativa" caem nesta armadilha. "O poder curativo do Senhor funciona", proclamam eles; "Só no ano passado, nossa igreja curou vinte pessoas de câncer somente pelo poder da oração!" Parece impressionante, mas se a taxa básica de remissão do câncer é de 5%, e a igreja orou por 400 pacientes, a probabilidade estatística é de que vinte pacientes melhorariam de qualquer forma. Os resultados das atividades da igreja, isto sim, não têm efeito sobre a taxa real de remissão.

O ERRO

O raciocínio de Bob é distorcido porque ele não considerou a *taxa básica* da doença. A chance de que ele tivesse a doença é muito baixa: apenas um em mil. Em vez disso, Bob considerou as informações *específicas* que tinha em mãos, a saber, que ele testou positivo para a doença; ele acha que as chances de ser um falso-positivo são também apenas de 5%. No entanto, se Bob tivesse levado em conta que a taxa de fracasso do teste é muito maior do que a taxa de pessoas que realmente têm a doença, ele teria percebido que um falso-positivo é muito mais provável do que um resultado preciso.

Vemos o mesmo erro com o exemplo da cura pela fé. A taxa básica de remissão do câncer é de cinco por cento; a probabilidade estatística é, portanto, que vinte em cada quatrocentos pacientes melhorarão naturalmente. A taxa de sucesso da igreja não aumenta a taxa básica de remissão e, portanto, não há evidência de que a oração seja eficaz no tratamento do câncer.

A REFUTAÇÃO

A única resposta a esta falácia é ter uma boa compreensão de estatísticas e da teoria da probabilidade: você precisa ser capaz de não apenas apontar que seu oponente está cometendo esta falácia, mas também o que especificamente está em jogo aqui. Entretanto, durante o "veloz e furioso" processo de debate, não é muito fácil detectar esses erros, muito menos explicá-los ao seu público.

RELEVÂNCIA

Esta falácia ilustra alguns dos problemas que enfrentamos quando pensamos em probabilidade. Vale a pena refletir sobre o exemplo exposto para entender como isso funciona.

PETITIO PRINCIPII

Formal	O proponente A justifica *P* com base no argumento de que *Q*, e justifica *Q* com base no argumento de que *P*.

Um argumento cujas premissas assumem a verdade de sua conclusão.

EXEMPLO

> *"As motivações das pessoas são sempre de interesse próprio. Sempre que as pessoas dizem visar o bem-estar de outrem, elas estão realmente visando o próprio bem. Portanto, vemos que as pessoas estão sempre interessadas em si mesmas."*

EXEMPLO DA VIDA REAL

Na peça de Molière *O Doente Imaginário*, assistimos a um grupo de médicos explicar por que o ópio faz as pessoas dormirem. A razão é *virtus dormitiva* (do latim, "capacidade soporífica"). Mas isso apenas significa que o ópio tem o poder de fazer as pessoas dormirem. Portanto, o que os médicos eruditos efetivamente afirmam é que o ópio faz as pessoas dormirem porque simplesmente tem a capacidade de fazer as pessoas dormirem. Aí está o problema: nós já sabíamos desse poder do ópio de fazer as pessoas dormirem – isso é o que estamos tentando explicar!

O ERRO

Um argumento justifica sua conclusão com base em suas premissas e vice-versa. Uma vez que a conclusão é precisamente o que está em jogo, as premissas devem ser aceitáveis sem presumir a verdade da conclusão – de outro modo, não há mais razão para aceitar as premissas do que para aceitar a conclusão. Argumentos desse tipo violam essa restrição: a verdade das premissas depende da verdade de sua conclusão. Tais argumentos são inúteis, pois assumem como verdade aquilo que estão se propondo a provar.

Como surgem tais argumentos? A maneira mais simples é quando a conclusão de algo é simplesmente a reformulação das premissas, como no exemplo da peça de Molière. Nesses casos, o argumento *parece* ser "*P*, portanto *Q*", mas na verdade é "*P*, portanto *P*": *P* apenas reformula *Q*. Isso é particularmente arriscado quando a premissa é reformulada para o latim, pois, como sabemos, falar latim traz o tom de intelectualidade necessário – afinal de contas, *quidquid latine dictum sit, altum videtur* (tudo que é dito em latim soa profundo).

Esses argumentos também surgem quando a verdade das premissas depende *indiretamente* da conclusão. Portanto, se eu justificar *P* por *Q*, mas justificar *Q* por *P*, não justifiquei *P* de forma alguma. Em nosso exemplo do "altruísmo", o proponente justifica sua crença de que todos são egoístas alegando que os atos aparentemente altruístas são, de fato, indicativos de interesses pessoais disfarçados. Mas ninguém acreditaria na segunda proposição sem acreditar na primeira.

A REFUTAÇÃO

Esta falácia, quando detectada, obviamente torna o argumento inútil. A parte mais complicada é a de detectar; seu oponente, voluntária ou involuntariamente, ocultará a manobra. Portanto, você tem de mostrar que as premissas de seu oponente assumem a conclusão, reformulando-a ou antecipando-a.

A maneira como você fará isso depende, é claro, do argumento. Com o exemplo do "altruísmo", você poderia argumentar assim:

"As pessoas são sempre egoístas!"

"Bem, não sei: Lucy deu dinheiro a um mendigo agora mesmo..."

"Sim, mas ela está obviamente fazendo isso por motivos egoístas, como apaziguar a própria consciência ou algo assim."

"Por que você acha isso?"

"Ora, você não me ouviu? Porque as pessoas são sempre egoístas!"

Torna-se óbvio que seu oponente fez um argumento redundante.

RELEVÂNCIA

O termo em inglês para esta falácia, "begging the question", é uma tradução errada do latim *petitio principii*, que significa *assumir como verdade a posição inicial* (do grego, *ex archês aiteisthai*). O termo "to beg the question" é, às vezes, usado com o significado de "levantar uma questão" ou "fugir da questão", o que é, estritamente falando, um uso impreciso.

Formalmente, o argumento é impecável: é a forma "*P*, portanto *P*"; logicamente impecável, embora enganosa. Os tipos particulares desta falácia incluem *raciocínio circular* (ver p. 102) e *falso escocês* (ver p. 145).

AMOSTRA TENDENCIOSA

Informal	A população *M* tem uma subclasse *m*, com característica *P*. Deduz-se, então, que *M* também tem a característica *P*. Entretanto, "*m* não é representativo de *M*".

Uma conclusão geral sobre uma população é tirada do comportamento de uma pequena amostra, quando na verdade a amostra não representa com fidelidade a população geral.

EXEMPLO

> *"Uma pesquisa com 100 americanos mostrou que 98% acreditava em Deus. Portanto, 98% dos americanos acreditam em Deus." O pesquisador não mencionou que a amostra consistia em congregantes da Primeira Igreja Pentecostal do Alabama.*

EXEMPLO DA VIDA REAL

Em uma famosa fotografia, o ex-presidente dos Estados Unidos Harry S. Truman ergue uma cópia do *Chicago Daily Tribune* com a manchete "Dewey Defeats Truman" [Dewey derrota Truman], alguns dias depois de ter derrotado Dewey nas eleições de 1948. Como poderia o Jornal estar tão errado? Bem, eles seguiram as pesquisas. Estas, no entanto, foram realizadas por *telefone*, que, na época, era algo que só os americanos ricos poderiam pagar. Assim, a amostra da pesquisa foi tendenciosa (embora não intencionalmente).

"Dewey derrota Truman."

O ERRO

A amostragem é uma espécie de raciocínio *indutivo*: ela é um microcosmo de toda a população; o que é verdadeiro da amostra é extraído para validar o todo. Em uma *amostra tendenciosa*, no entanto, não há representação do todo. Então, no primeiro exemplo, o que é verdade sobre os membros da igreja foi tomado como verdade sobre todos os americanos; contudo, essa inferência só se manteria se *todos* os americanos fossem membros da Primeira Igreja Pentecostal do Alabama.

A REFUTAÇÃO

Em uma situação dessas, você tem de demonstrar que a amostra em questão não representa a população. Assim, no caso do primeiro exemplo, você poderia salientar que a "amostra" do pesquisador só incluía americanos que viviam em um local específico e representavam uma visão de mundo em particular.

RELEVÂNCIA

Esta falácia nem sempre é cometida deliberadamente: ela aparece, não raro, quando são usados métodos descuidados de pesquisa.

Suponha que uma pesquisa online afirmasse que 60% dos americanos votariam em Hillary Clinton: isso quer dizer que ela ganharia em 2016? Não necessariamente. Afinal de contas, nem todos os americanos têm acesso à internet; daqueles que o tem, nem todos estão interessados em responder pesquisas de opinião pública online. Talvez todos os apoiadores de Hillary tivessem acesso à internet e reservassem algum tempo para participação online, enquanto os apoiadores do Trump geralmente não o fizessem. Se fosse este o caso, a amostra em questão não representaria as intenções de voto dos Estados Unidos. Então, Trump conseguiria uma vitória surpresa, contrariando as previsões com base na pesquisa.

AUTORIDADE CEGA

Informal	A autoridade *A* afirma que *P*. Portanto, *P*.

Justificar um argumento com base na palavra de uma autoridade cujas credenciais não foram examinadas nem questionadas.

EXEMPLO

> *"Meu líder de culto diz que Deus sacrificará a Terra na próxima semana. Portanto, o fim do mundo está próximo!"*

EXEMPLO DA VIDA REAL

As crenças e práticas dos cultos fornecem exemplos claros, ainda que angustiantes, deste fenômeno. Por exemplo, o líder da seita Heaven's Gate [Portão do céu] convenceu os seguidores de que suas almas poderiam abandonar a Terra e embarcar em uma nave espacial alienígena supostamente seguindo o cometa Hale-Bopp, alcançando, assim, um nível de existência acima do humano. Os membros do culto acreditavam que a morte era um pré-requisito para transcenderem a existência terrena, então 39 deles cometeram suicídio em março de 1997. Por que eles fizeram isso? Resposta: porque o líder do culto lhes disse que o fizessem. Os adeptos do culto nunca questionaram *por que* deveriam acreditar nele.

O ERRO

Um *apelo à autoridade* (ver p. 43) só é legítimo quando a autoridade tem uma expertise bem estabelecida sobre o assunto em questão. Mas a falácia da *autoridade cega* ignora este critério. Confia-se na "autoridade" cegamente, sem que antes se averigue

"O fim está próximo."

se suas credenciais estão relacionadas ao tema pertinente. Uma vez que se toma consciência disso, torna-se evidente que não há razão para confiar mais nessa "autoridade" do que em qualquer outra pessoa.

A REFUTAÇÃO

Deveria ser suficiente apontar que esse tipo de apelo à autoridade é totalmente infundado. No entanto, isso não necessariamente convenceria seu oponente; seu apelo à razão talvez não seja efetivo contra a fé do seu oponente na autoridade escolhida.

RELEVÂNCIA

Este argumento é um tipo bastante extremo de *apelo à autoridade* (ver p. 43). Mas é interessante notar como nossa obediência irrefletida à autoridade nos faz vítimas desta falácia. A trilogia *The Illuminatus!* (um romance de ficção científica/conspiração) menciona o suposto passatempo anarquista do chamado "Bavarian Fire Drill", em que os anarquistas vestiriam uniformes, interromperiam o trânsito e, anunciando o "Bavarian Fire Drill", fariam os motoristas saírem e correrem em círculo ao redor de seus carros. Os motoristas obedeceriam simplesmente porque lhes era dito para fazer isso (claro, esta é a história que o livro conta – você deve acreditar que ela realmente aconteceu?)

EVIDÊNCIA SUPRIMIDA (*CHERRY-PICKING*)

Informal	A evidência *E* apoia *P*, a evidência *F* contradiz *P*. O proponente A recorre à evidência *E* para provar que *P*, mas ignora a evidência *F*.

Estabelecer uma conclusão por meio de provas, mas citando seletivamente apenas aquelas que apoiem sua conclusão, e ao mesmo tempo suprimindo quaisquer outras que contradigam a conclusão.

EXEMPLO

"Este estudo mostrou que uma centena de pessoas que sofre de câncer se recuperou usando a homeopatia. Assim, é estabelecido que a homeopatia pode curar o câncer!" (O enunciado falha ao não mencionar que o estudo contemplou dez mil doentes, cujo restante não obteve esta "cura".)

EXEMPLO DA VIDA REAL

A Associação Nacional de Rifles da América (NRA) alega frequentemente que a Constituição Americana garante aos cidadãos o direito de portar armas, citando a parte da Segunda Emenda que menciona que "o direito do povo de manter e portar armas não deve ser infringido". Entretanto, a Associação omite a primeira parte desta sentença que fala sobre ser "necessária à segurança de um Estado livre a existência de *uma milícia bem organizada*" (traduções livres), uma frase que pode revelar um significado bastante diferente sobre a Emenda.

O ERRO

O argumento do proponente parece legítimo o suficiente: ele faz uma afirmação e usa algumas provas relevantes para sustentá-la. No entanto, ele não menciona algumas outras evidências que contradizem a afirmação (como no exemplo da homeopatia), ou que a qualificam (como no exemplo da Segunda Emenda). Se todas as provas tivessem sido apresentadas, sua afirmação se mostraria insustentável.

A REFUTAÇÃO

A melhor resposta é simplesmente saber mais sobre o tema do que seu oponente. Por exemplo, se seu oponente é um membro da NRA citando a Segunda Emenda, simplesmente ressalte que ele está citando do texto só aquilo que interessa à defesa da afirmação que ele fizera.

Se você não conseguir fazer isso, você ainda pode tentar desconstruir as provas invocadas. Então, como no exemplo da homeopatia, você poderia perguntar sobre o tamanho do grupo de estudo e sobre a taxa de remissão natural do câncer. Se for verificado que 1 em cada 100 pacientes com câncer passará por uma remissão natural, a "evidência" do proponente nada provou: já seria esperado que uma centena de pacientes dentre 10 mil ficasse espontaneamente melhor de qualquer forma.

RELEVÂNCIA

Esta falácia é cometida involuntariamente tanto quanto é levada a cabo voluntariamente. Todos nós, de modo inconsciente, procuramos evidências que corroborem nossas crenças e tendemos a ignorar aquelas que as contradizem – este é um fenômeno conhecido como *viés de confirmação*. Dessa forma, a lucidez pede que estejamos atentos contra a negligência em nosso próprio pensamento tanto quanto em nossos oponentes.

A *amostra tendenciosa* (ver p. 93) pode ser um exemplo desta falácia.

RACIOCÍNIO CIRCULAR

Informal	*P* é justificado por *Q*. Entretanto, *Q* só poderia ser justificado mediante aceitação de *P*. (Alternativamente: *P* é justificado por *Q*, que é justificado por outras etapas, as quais são fundamentalmente justificadas mediante a aceitação de *P*.)

Argumentar uma conclusão com base em um conjunto de premissas, em que a verdade das premissas pressupõe a verdade da conclusão.

EXEMPLO

> *"Meu líder de culto é infalível; ele me diz isso.*
> *Sei que o que ele me diz é verdade porque ele é infalível."*

EXEMPLO DA VIDA REAL

Diferente do que muitos acreditam, Galileu Galilei não conseguiu derrubar o sistema aristotélico simplesmente deixando cair dois diferentes pesos para fora da Torre de Pisa. Em vez disso, Galileu desmontou, um a um, os argumentos de Aristóteles sobre seu sistema cosmológico, mostrando que eles tinham defeitos de lógica. Galileu reconstrói o argumento de Aristóteles sobre a imobilidade da Terra:

P1. *Objetos em queda livre caem em uma linha reta em direção ao centro da Terra.*
P2. *A Terra gira, de modo que a torre gira ao redor do centro da Terra.*
P3. *Se a torre girasse ao redor do centro da Terra, a pedra não cairia ao pé da torre, mas a oeste dela.*
P4. *Mas a pedra cai na base da torre.*
∴ *A Terra não gira.*

O problema com este argumento reside na premissa P1, que é precisamente o ponto em questão. Claro, se você for aristotélico, você acredita que a pedra se move em linha reta em direção ao centro da Terra. Mas se não for, você pode rejeitar de bom grado a opinião de que a pedra segue um movimento reto, e, em vez disso, acreditar que ela tem um movimento *composto*, constituído de seu próprio movimento e pelo da Terra, o que explicaria o fato de a pedra cair ao pé (base) da torre. Portanto, *P1* depende, em última análise, da premissa de que a Terra não gira: podemos dizer que objetos que caem livremente o fazem em uma linha reta somente assumindo-se que a Terra seja estática. Mas isso é exatamente o que o argumento se propõe a provar. Então, o argumento (assim como a rotação da Terra) é circular.

O ERRO

Esta falácia é uma subespécie de *petitio principii* (ver p. 90) e sofre da mesma inconsistência. O argumento de seu oponente deve sustentar sua conclusão polêmica com base em premissas não controversas ou, pelo menos, não tão controversas. Entretanto, se as próprias premissas são justificadas apenas com base na conclusão, o argumento não pode funcionar: não há mais razão para aceitar as premissas do que há para aceitar a conclusão.

A REFUTAÇÃO

Deve ser suficiente apontar o raciocínio em forma de circuito: uma vez que seu oponente não lhe deu mais motivos para acreditar nas premissas dele do que na conclusão, você também não tem motivos para acreditar nem naquelas nem nesta. A dificuldade, é claro, está em detectar a circularidade, já que ela geralmente está oculta. É claro também que, mesmo que você aponte a circularidade, isso pode não ajudar na evolução do debate: duvido que o membro do culto no exemplo que demos seria movido pelo seu argumento racional.

RELEVÂNCIA

Como mencionado, esta falácia é uma subespécie de *petitio principii* (ver p. 90). No entanto, ela difere porque, aqui, a conclusão deve ser diferente – as premissas não podem ser apenas uma versão reformulada da conclusão.

É interessante notar, contudo, quanto do nosso cotidiano depende deste tipo de raciocínio. A economia nos dá alguns bons exemplos. Por que o ouro é valioso? Resposta: porque as pessoas o valorizam. Mas por que as pessoas o valorizam? Resposta: porque ele é valioso.

QUESTÃO COMPLEXA

Plurium interrogationum

Informal	O locutor faz uma pergunta cuja resposta pressupõe uma série de fatos *P*, *Q*, *R*, com os quais o interrogado não necessariamente está comprometido.

O locutor apresenta uma questão que contém um pressuposto complexo. O pressuposto não é declarado, mas é exigido para a pergunta fazer sentido.

EXEMPLO

Suponha que alguém me pergunte: "Você já parou de espancar sua esposa?" A pergunta requer um sim/não como resposta; no entanto, esta exigência pressupõe um número de fatos, tais como eu ter uma esposa e que, em algum momento, comecei a espancá-la. Se essa cadeia de fatos não existir, não posso responder à pergunta: não posso dizer "sim" porque nunca bati em minha esposa em primeiro lugar; não posso dizer "não" porque atualmente não estou batendo nela.

EXEMPLO DA VIDA REAL

O inimitável Stephen Colbert realizou uma pesquisa sobre a avaliação da presidência de G.W. Bush, perguntando: "George W. Bush: grande presidente, ou o maior presidente?" A pergunta, é claro, pressupõe que o respondente tenha uma opinião positiva sobre a presidência de Bush.

O ERRO

Qualquer pergunta exige uma resposta e limitará os tipos de respostas aceitáveis. Então, uma pergunta cuja resposta é "sim/não" exige que o interrogado diga "sim" ou "não"; não há alternativa. Uma *questão complexa* é aquela em que ambas as respostas pressupõem algo que o interrogado não aceita. Portanto, no exemplo do espancamento da esposa, tanto as respostas "sim" como as "não" pressupõem que o respondente tem uma esposa e que, em algum momento, ele a espancou; entretanto, ambos os pressupostos podem ser falsos.

A REFUTAÇÃO

O truque aqui é questionar a questão. Você tem de mostrar que ela é ilegítima, pois tenta se esgueirar em pressuposições que você rejeita. Então, se alguém lhe perguntar se você parou de bater na sua esposa, você pode perguntar a ele: "Por que você assume que já bati na minha esposa?" ou até "Por que você supõe até mesmo que *tenho* uma esposa?"

RELEVÂNCIA

Esta é uma venerável falácia, conhecida na antiguidade como a "falácia dos chifres". O exemplo clássico (como apresentado por um certo Eubulides, o erístico, um contemporâneo de Platão) é a pergunta "Você perdeu seus chifres?" A resposta "não" sugere que atualmente você tem chifres; a resposta "sim" sugere que já teve chifres em algum momento, mas os perdeu. Daí o dito do inglês "impaled on the horns of a dielmma" [empalado nos chifres de um dilema], algo como "entre a cruz e a espada".

EQUÍVOCOS

Anfibolia

Informal	Um termo comum às premissas e à conclusão tem dois significados distintos, de tal forma que o primeiro significado é necessário para que as premissas sejam verdade, mas o segundo significado é necessário para que a conclusão seja uma sequência lógica das premissas.

Quando a conclusão de um argumento parece seguir-se às premissas, mas somente em virtude de uma ambiguidade no significado das palavras usadas nas premissas e na conclusão.

EXEMPLO

Três e dois são cinco. Três é ímpar, dois é par. Portanto, cinco é ao mesmo tempo ímpar e par.

EXEMPLO DA VIDA REAL

Em *O Senhor dos Anéis*, Eówyn, a nobre donzela de Rohann, se depara com o temido Rei Bruxo, Senhor dos Nazgûl, que proclama, "nenhum homem pode me matar". Inabalável, Eówyn, respondendo "eu não sou homem", avança para matá-lo.

Este jogo de palavras se baseia na ambiguidade do termo "homem", que significa "membro da espécie humana", por um lado, ou "membro masculino da espécie humana", por outro lado. O processo de pensamento do Rei Bruxo pode ser formalizado assim:

P1. Nenhum homem pode me matar.
P2. Eówyn não é um homem.
∴ *Eówyn não pode me matar.*

Sua conclusão vem de suas premissas. Entretanto, se desfeita a ambiguidade, o termo "homem", como usado nas premissas, resultará no seguinte argumento:

P1. Nenhum macho pode me matar.
P2. Eówyn é um humano.
∴ *Eówyn não pode me matar.*

Mas explicitada dessa forma, a conclusão não se segue claramente às premissas; se ele tivesse percebido isso, o Rei Bruxo poderia evitar sua morte.

O ERRO

Uma palavra é *ambígua* quando tem dois ou mais significados distintos e não relacionados. Por exemplo, o termo "banco" pode significar "um móvel onde se sentar" ou "um lugar para depositar dinheiro" (se eu fosse ao *banco* para depositar um cheque, eu poderia me sentar em um *banco* vago para descansar um pouco). Falácias desse tipo surgem dessa ambiguidade linguística: o mesmo termo significa uma coisa em uma das premissas, mas outra coisa inteiramente diferente na segunda premissa ou na conclusão. Se o termo for ambíguo dessa forma, a conclusão não pode seguir-se logicamente às premissas: o termo em torno do qual a argumentação orbita se refere a diferentes elementos em cada um de seus usos.

A REFUTAÇÃO

Você deve primeiro apontar a ambiguidade do termo e, depois, mostrar como o argumento funciona exclusivamente por causa dessa ambiguidade: as premissas só são aceitáveis quando o termo é entendido como uma coisa, mas a conclusão só se segue a elas quando o termo ambíguo é tomado em seu outro significado. Portanto, no exemplo matemático, "e" tem dois significados: nas premissas, denota operação matemática de *adição*; na conclusão, denota a operação lógica da *conjunção*. Desfeita a ambiguidade, o argumento fica assim:

P1. Dois somados a três dá cinco.
P2. Dois é par, três é ímpar.
∴ *Cinco é ao mesmo tempo ímpar e par.*

Mas isso não se parece em nada com um argumento. O que é bom, porque isso não é um argumento.

RELEVÂNCIA

Um equívoco apresenta uma ambiguidade semântica, ou seja, uma só palavra com dois significados. Outros tipos de ambiguidade são sintáticos, ou seja, vêm do fato de que o significado da palavra depende do contexto em que é usada.

A ambiguidade é uma das grandes alegrias da linguagem natural e a fonte das palavras cruzadas, jogos de palavras e piadas ("Meu cachorro não tem focinho!"; "Como ele cheira?"; "Mal!") Mas o uso deste tipo de ambiguidade deve ser deixado para situações descontraídas, mesas de bar e festas, e não levado a cabo em uma situação de debate sério.

FALSA PRECISÃO

Formal ou Informal	Argumento *P* é apoiado pela evidência quantitativa *E*, onde *E* não tem a precisão quantitativa necessária para apoiar *P* legitimamente.

Apoiar um argumento com dados numéricos que parecem ser mais precisos do que realmente são.

EXEMPLO

*"Setenta por cento das estatísticas que você lê nos livros são simplesmente inventadas pelo autor!"**

EXEMPLO DA VIDA REAL

Um discurso de Robert Kennedy (então procurador-geral dos Estados Unidos) em 1961:

> *Noventa por cento dos grandes mafiosos estariam fora de ação até o final deste ano se o cidadão comum, o homem de negócios, o sindicalista e a autoridade pública se pronunciassem e se recusassem a ser corrompidos.*

Não podemos duvidar da nobreza desta afirmação. Mas noventa porcento? De onde veio esse número? Teria Kennedy conduzido uma pesquisa entre líderes mafiosos?†

O ERRO

Os dados quantitativos são extremamente úteis na obtenção de informações precisas sobre determinado caso. Entretanto,

* Withey, Mastering Logical Fallacies, p. 111.

† O exemplo é encontrado em Walton, Informal Logic.

esses dados quantitativos só são precisos até certo ponto: mesmo na engenharia, as mensurações numéricas só admitem a precisão até certo grau. A *falsa precisão* ocorre quando essa advertência é ignorada – os dados são apresentados como demonstração fiel de algo, sem o reconhecimento de que só são precisos dentro de certos limites.

Em alguns casos, os dados simplesmente não podem ser expressos de forma quantitativa precisa. Em casos particularmente ruins (como com os dois exemplos dados), as estatísticas são utilizadas para dar uma aura de rigor a uma determinada declaração, mesmo que tais estatísticas sejam simplesmente arrancadas do nada.

A REFUTAÇÃO

Você precisa desafiar a metodologia por trás das estatísticas. Nos casos citados, a resposta seria simples: as afirmações segundo as quais setenta porcento das estatísticas mencionadas são inventadas e noventa porcento dos patrões do crime poderiam ser neutralizados dentro de um ano se as pessoas os enfrentassem não têm absolutamente nenhum fundamento em pesquisas reais. Você também poderia salientar que o assunto não pode ter uma abordagem quantitativa; ou, então, que a medida que seu oponente está usando simplesmente não é tão precisa assim.

RELEVÂNCIA

Esta é uma forma de *mentir com estatísticas* (ver p. 134). Muitos mitos urbanos (*apelo à autoridade* [ver p. 43] ou *apelo à crença comum* [ver p. 47]) têm este sabor: "Em Nova York, você nunca está mais do que a dois metros de um rato"; "Os homens pensam em sexo a cada seis segundos." Tais pronunciamentos parecem impressionantes, mas geralmente são imprecisos: se os homens pensam em sexo tão frequentemente, como diabos conseguiriam realizar alguma coisa?

Este tipo de falácia tem um efeito particularmente pernicioso na política e nos negócios quando os responsáveis tentam impor métricas e metas em situações que não podem ser medidas com precisão. Por exemplo, carreiras acadêmicas podem avançar ou se estagnar dependendo do número de publicações creditadas a um acadêmico, uma métrica que favorecerá um pesquisador que já redigiu dez trabalhos medíocres em detrimento de outro pesquisador que tenha os créditos de um único texto brilhante.

FALÁCIA DA COMPOSIÇÃO

Informal	O todo *T* é composto pelas partes p1, p2,..., p*n*. Uma vez que cada uma das partes tem certa propriedade, infere-se que o todo tem essa propriedade.

Inferir que o que é verdade sobre as partes de um todo também é verdade sobre o todo.

EXEMPLO

> *"Se eu me levantar durante um jogo de futebol, posso ver melhor. Portanto, se todos no jogo estiverem de pé, todos verão melhor."*

EXEMPLO DA VIDA REAL

Homer Simpson tem a tarefa de projetar um carro. Ele exige: "Sabe aquelas bolas coloridas que eles têm nas antenas dos carros, para que você possa achar seu carro em um estacionamento? *Todo* carro deveria ter aquelas bolas!" Ele esquece, é claro, que essas bolas só ajudam o dono a encontrar o próprio carro quando *alguns* carros as têm: elas não ajudariam em nada se *todos* os carros as tivessem.

O ERRO

É inválido inferir que o *todo* terá as propriedades que suas partes têm: as partes, quando tomadas em conjunto, terão propriedades que cada parte isolada não tem. Podemos ver isso de modo mais simples quando contamos: Sócrates e Hípias são, *cada um*, um; no entanto, não se segue que Sócrates e Hípias sejam, *tomados em conjunto*, um. Da mesma forma, não podemos inferir que, só porque cada palha em um fardo de feno é leve, todo o fardo de feno será leve: o fardo de feno como todo será muito pesado.

Esta falácia é particularmente complicada quando se trata de uma declaração *modal* (declaração que lida com a possibilidade). Suponha que eu diga: "Não há desculpa para estar desempregado, pois há sempre alguém que quer as janelas limpas." Mesmo que seja verdade que qualquer pessoa desempregada teria capacidade para conseguir um emprego limpando janelas, não procede que toda pessoa desempregada poderia fazê-lo: simplesmente não há tantas janelas que precisam ser limpas.

A REFUTAÇÃO

Você tem de mostrar que as propriedades do todo não podem simplesmente ser entendidas como sendo as mesmas de suas partes. Os exemplos que demos ajudarão: não podemos inferir que, só porque cada palha é leve, todo um fardo de feno também será leve; você pode colocar nas costas de uma mula palha suficiente para quebrar as costas do animal. Da mesma forma, você poderia apontar que alguma coisa ser verdade sobre *qualquer* membro de um grupo não implica que seja verdade para *todos* os membros: assim, é verdade que *qualquer* pessoa poderia ter sido o primogênito em uma família; entretanto, não é verdade sugerir que *toda* pessoa poderia ser o primogênito.

RELEVÂNCIA

Esta falácia foi também observada na Antiguidade; o caso de Sócrates e Hípias é encontrado, por exemplo, no *Hípias Maior*, de Platão.

O inverso desta falácia é a *falácia da divisão* (ver p. 117), em que se deduz falaciosamente que as propriedades do todo são também das partes: assim, porque o fardo de feno é pesado, cada lâmina de palha deve ser pesada. Ambas as falácias são tipos de erro de categoria.

FALÁCIA DA DIVISÃO

Informal	O todo *T* é composto das partes p1, p2, p3,... O todo *T* tem propriedade *P*. Por isso, cada uma das partes também terá propriedade *P*.

Assumir que o que é verdadeiro no todo é também verdadeiro em cada uma de suas partes.

EXEMPLO

"Este fardo de feno é pesado. O fardo de feno é composto de palha. Portanto, cada pedaço de palha também deve ser pesado."

EXEMPLO DA VIDA REAL

Esta falácia é cometida frequentemente em conversas sobre justiça social. Os homens brancos, conforme a demografia, são socialmente privilegiados; assim, deduz-se que *todo* homem branco é privilegiado, independentemente de suas circunstâncias pessoais. Por esta lógica, a vida de um branco desempregado, veterano de guerra e sem-teto deve ser considerada *privilegiada* em comparação a uma minoria feminina que dirige empresas.

O ERRO

Esta falácia é o reverso da *falácia da composição* (ver p. 115) e apresenta a mesma falha: o que é verdade no todo não é verdade em cada uma de suas partes. Um todo composto de partes pode ter propriedades que nenhuma dessas partes têm; portanto, para usar o exemplo de Sócrates/Hípias, ambos são, tomados em conjunto, dois; no entanto, evidentemente não se segue que Sócrates e Hípias são, cada um deles, dois.

A REFUTAÇÃO

Você precisa mostrar que as propriedades do conjunto só pertencem a ele justamente porque é um todo e, como tal, mais do que apenas a soma de suas partes. O exemplo do fardo de feno é bastante simples: peso do fardo do feno é o peso combinado de todas as palhas englobadas pelo fardo; mas elas não têm o peso dele porque cada uma das palhas (cada uma das partes) tem seu próprio peso.

ANALOGIA FALSA

Informal	A é P, B é P. A é Q, portanto, B é Q.

Uma analogia é estabelecida entre dois elementos, A e B. Ambos A e B têm a característica P; A tem a característica Q; daí infere-se que B também tem a característica Q.

EXEMPLO

"Uma maçã é uma fruta e é redonda. Uma pera é uma fruta. Portanto, uma pera é redonda."

EXEMPLO DA VIDA REAL

Os cigarros eletrônicos permitem que os fumantes desfrutem da sensação e dos efeitos agradáveis do fumo sem nenhum de seus efeitos prejudiciais à saúde e ao bem-estar. No entanto, algumas autoridades têm tentado impor as mesmas restrições à sua venda e ao seu uso que se aplicam aos demais produtos de tabaco, proibindo, por exemplo, o consumo em locais públicos. Alegam que os cigarros eletrônicos são como cigarros normais, ignorando o fato de que os cigarros eletrônicos não têm as propriedades nocivas que os cigarros normais apresentam.

O ERRO

Um argumento tenta estabelecer uma analogia entre um caso *desconhecido* ou *contestado* e um caso *conhecido* ou *não contestado*. O raciocínio é que se você puder estabelecer que determinado aspecto do caso não contestado é válido, é possível inferir o mesmo aspecto em casos similares, mas contestados.

Naturalmente, não podemos presumir que *qualquer* aspecto do caso não contestado será necessariamente sustentado no caso contestado – se fizéssemos isso, os dois casos seriam idênticos. No entanto, uma analogia ampliada ignora essa restrição, insistindo que *qualquer* aspecto do caso não contestado também deve ser sustentado no caso contestado.

A REFUTAÇÃO

Como o argumento de seu oponente se baseia na aparente similaridade dos casos, você precisa mostrar que os casos são, de fato, diferentes. Portanto, com o caso do tabagismo, seu oponente poderia argumentar assim:

P1. Os cigarros devem ser restringidos.
P2. Os cigarros eletrônicos são similares aos cigarros normais.
∴ Os cigarros eletrônicos devem ser restringidos.

A falha aqui está no passo *P2*. Os cigarros eletrônicos podem ser similares aos cigarros normais, na medida em que fornecem nicotina por inalação e têm uma aparência de cigarro similar a dos cigarros normais. No entanto, os cigarros eletrônicos também se *distinguem* dos outros, pois não são prejudiciais (ou, pelo menos, ainda não há provas de que sejam). Os cigarros comuns são restringidos precisamente *porque* são prejudiciais. Portanto, a semelhança a que se faz alusão na premissa *P2* não é suficientemente ampla e substancial para justificar a conclusão.

RELEVÂNCIA

As analogias são extremamente úteis, não apenas na política, mas nas ciências e na filosofia também: ao refletir sobre um caso não contestado, podemos avaliar com mais facilidade um caso semelhante, mas contestado. O ponto controverso, entretanto, é estabelecer *como* os dois são similares. Se *A* é *P* e *Q*, e *B* é *P*, ainda assim não se segue que *B* é *Q*. Para isso, teríamos de estabelecer que *A* é *Q* porque é *P*; se assim for, uma vez que *B* é *P*, também deve ser *Q*.

Alguns argumentos de *terreno perigoso* (ver p. 175) podem ser frutiferamente analisados nestes termos: porque *A* é admissível e *A1* é semelhante a *A*, segue-se que *A1* é admissível; uma vez que *A2* é semelhante a *A1* e *A1* é admissível, *A2* é admissível... e assim por diante, até as consequências finais, potencialmente terríveis, deste tipo de lógica inconsistente.

FALSO DILEMA

Informal	O proponente *A* oferece uma escolha entre *P* e *Q* sob a condição de que um, e apenas um, dos dois deve ser escolhido; na realidade, porém, aceitar ambos *P* e *Q* ou uma terceira alternativa *R* também é uma opção viável.

É apresentada uma escolha entre duas alternativas. O proponente apresenta esta escolha como limitada e excludente: só uma das opções deve ser escolhida; nenhuma terceira opção é permitida ou mesmo cogitada. No entanto, em realidade, estas duas opções não são as únicas.

EXEMPLO

> *"Você é casado ou é solteiro. Você não é casado; então você deve ser solteiro! Que tal uma bebida?"*

EXEMPLO DA VIDA REAL

Uma manchete recente em um jornal declarou que noventa porcento dos islandeses eram ateístas. Esta descoberta foi baseada em uma pesquisa online que perguntou: "Quem você acredita que criou o universo: Deus ou o Big Bang?" Os leitores poderiam escolher apenas uma alternativa.

O ERRO

Instaura-se um *dilema* quando duas respostas *limitadas* e *excludentes* são apresentadas como as únicas possíveis a um problema. O dilema é *falso* quando as opções de resolução do problema não são limitadas nem excludentes – é concebível a possibilidade de também escolhermos as duas opções apresentadas ou ainda uma terceira opção diferente. Então, no exemplo do solteiro/casado, não procede que um homem é solteiro *só porque* não é casado: ele poderia ser viúvo, ter um relacionamento estável, ser monge, criança, e assim por diante. A questão apresenta duas opções como as únicas possíveis, *limitadas*, quando, na verdade, há outras opções.

O caso da pesquisa de opinião no jornal é ainda mais notório. Primeiro, é plausível, mesmo que improvável, que alguém possa pensar que o universo foi criado por algo completamente diferente; por exemplo, o entrevistado pode ser gnóstico e acreditar que o mundo foi criado por um demônio; alternativamente, ele pode não acreditar que o universo *teve* um começo.

No entanto, a falha mais óbvia é que a pesquisa apresenta duas opções como *excludentes*: você acredita que Deus criou o mundo *ou* acredita que foi o Big Bang; se você acha que Deus criou o mundo, não acredita que o Big Bang o fez. Mas, teoricamente, qualquer cristão inteligente acreditaria em *ambos*; ele conciliaria a ciência com sua fé por acreditar que Deus criou o mundo *por meio* do Big Bang.

A REFUTAÇÃO

Mostre que o dilema é artificial – que você poderia escolher uma terceira opção ou as duas opções juntas. Portanto, no primeiro caso, você poderia responder: "Não sou casado, mas também não sou solteiro: sou um monge" (negando, assim, que as escolhas apresentadas são *limitadas*). No segundo caso, pode-se dizer: "Acredito que o Big Bang criou o mundo, mas que ele foi causado por Deus" (negando, assim, que as escolhas apresentadas são *excludentes*).

O uso linguístico que seu oponente fizer pode complicar as coisas. Assim, no caso do solteiro/casado, o argumento de seu oponente pode parecer plausível: se "solteiro" significa apenas "homem não casado", e um homem deve ser casado ou não casado, você pode pensar que um homem deve ser *casado* ou *solteiro*. Mas nem todos os homens não casados podem realmente ser descritos como solteiros: um menino não é casado, mas não faz sentido dizer que ele é solteiro.

RELEVÂNCIA

A *falácia do falso dilema* (ver p. 122) frequentemente dá origem à falácia da *questão complexa* (ver p. 106). Então, a questão "Você parou de espancar sua esposa?" permite duas respostas: *sim* (eu costumava espancá-la, mas agora parei) ou *não* (ainda a espanco); e ignora a possibilidade de eu não ser casado, ou que, embora casado, nunca tenha sequer brigado com minha esposa.

Para evitar este dilema, é importante entender a distinção entre propriedades *contraditórias* e *contrárias*. Duas propriedades são *contrárias* quando algo não pode ter ambas; elas são *contraditórias* quando qualquer coisa deve ter uma ou outra. Portanto, "preto" e "não preto" são propriedades *contraditórias*: se algo não é não preto, é preto. "Preto" e "vermelho"", no entanto, são *propriedades contrárias*: nada pode ser tanto preto como vermelho, mas não procede que, se algo não é preto, é vermelho (ou mesmo qualquer outra cor). O falso dilema está presente quando as propriedades contrárias são apresentadas como contraditórias.

GENERALIZAÇÃO PRECIPITADA

Informal	Cada instância de uma pequena amostra de *A* tem a propriedade *X*. Portanto, todas as instâncias de *A* têm propriedade *X*.

Uma regra geral sobre algo é inferida a partir de alguns casos desse algo.

EXEMPLO

> *"Tomo uma garrafa de uísque por dia, mas e daí? Meu avô bebia tanto assim e viveu até os 97 anos e dançava todos os dias!"*

EXEMPLO DA VIDA REAL

Bertrand Russell dá o exemplo de uma galinha inteligente que é alimentada todos os dias pelo dono da granja. A galinha pensa, "Toda vez que ele vem, eu ganho comida!" Infelizmente, um dia, a galinha não ganha comida, em vez disso, é abatida. A galinha fez uma generalização sobre o comportamento do fazendeiro; lamentavelmente, essa generalização foi muito precipitada.

O ERRO

Uma *generalização precipitada* é um exemplo de *raciocínio indutivo*: você observa alguns casos que têm uma propriedade em comum e infere que todos os casos similares compartilharão essa propriedade. Quanto mais casos você observar, mais segura será a inferência. Uma *generalização precipitada* é uma inferência indutiva baseada em poucos casos: o tamanho da amostra é muito pequeno para suportar uma conclusão geral. A presença da propriedade em questão na pequena amostra pode ser simplesmente uma anomalia estatística, ou a presença do traço comum pode ser explicado por outra variável.

A REFUTAÇÃO

Você poderia argumentar que o tamanho da amostra que seu oponente tomou como parte do argumento é pequeno demais para garantir uma conclusão geral. No entanto, você estará em uma posição mais segura se puder coordenar algumas evidências estatísticas para mostrar que a conclusão de seu oponente não se sustenta como uma regra geral. Assim, com o caso do uísque, as estatísticas mostram que, em geral, pessoas que bebem muito morrem muito mais cedo do que a média geral; o avô de seu oponente pode ter sido apenas um dos alcoólatras sortudos que sobrevivem até a velhice.

Sua posição seria ainda mais segura se você pudesse mostrar que a inferência de seu oponente não considerou certas variáveis. É verdade, o avô viveu até uma velhice madura, apesar de ter bebido; mas ele tinha um certo gene X que torna o fígado resiliente, mas trata-se de um gene presente em apenas 1% da população.

RELEVÂNCIA

As generalizações têm seu lugar: se eu estiver na savana e vir dois de meus amigos sendo devorados por leões, provavelmente eu concluiria que leões devem ser evitados. Ainda assim, nem sempre são bem-vindas: se eu estiver em Nova York e um de seus moradores for rude comigo, eu não deveria concluir que *todos* os americanos são mal-educados. As generalizações devem utilizar uma ampla amostragem, idealmente com variáveis controladas; embora, como o leão do exemplo mostra, isto seja só uma regra geral.

XXX

PORQUE SIM

Mãe sempre tem razão

Informal	Proponente A justifica *P* somente com base no fato de ser o locutor da assertiva *P*.

O proponente A justifica o comando ou a afirmação P simplesmente se posicionando como uma autoridade inquestionável em P.

EXEMPLO

> *"Não coma essa geleia!"*
> *"Por quê?"*
> *"Porque eu disse para não comer!"*

EXEMPLO DA VIDA REAL

A Declaração de Independência dos Estados Unidos diz o seguinte:

> *Consideramos estas verdades como evidentes por si mesmas, que todos os homens são criados iguais, que são dotados pelo Criador de certos direitos inalienáveis, que entre estes estão a vida, a liberdade e a busca pela felicidade...*

Palavras arrebatadoras. Mas qual é o *argumento* pelo qual esta conclusão consistente se estabeleceu? O próprio texto se recusa a fornecer algum, estabelecendo-a por decreto (é verdade, porém, que entrar em uma discussão sobre Locke e Montesquieu estragaria o efeito dessas palavras).

O ERRO

Argumentos ou comandos exigem justificativa: o proponente que os enuncia precisa fornecer uma razão pela qual deveriam ser aceitos. Mas deixar de fazê-lo não é precisamente a falha deste comportamento, e sim o fato de que a pessoa que o adota repudia esta mesma exigência – o proponente se recusa a justificar sua afirmação, alegando que tem o direito de fazer afirmações *porque sim*. Desnecessário dizer que este apelo não é um elogio ao raciocínio de quem lança mão dele.

A REFUTAÇÃO

A resposta é bastante simples: você deve, educadamente, mas com firmeza, exigir uma justificativa melhor do que a que seu oponente forneceu. Não permita que seu oponente o intimide e o silencie.

RELEVÂNCIA

Esta é uma forma de *apelo à autoridade* (ver p. 43); entretanto, ela não faz nenhum apelo aos conhecimentos da autoridade. A proposição não é justificada em razão de uma autoridade, por sua alegada *expertise*, fazer essa proposição parecer verdadeira; em vez disso, ela é legitimada simplesmente porque alguém a enuncia e exige que seja acatada.

Embora a falácia *porque sim* não tenha lugar em um debate, ela deve ser levada a sério na vida cotidiana. Especialmente, por exemplo, em questões relacionadas à soberania de alguém sobre seu próprio corpo ou propriedade. Portanto, se eu disser "não me toque!", esse comando não *precisa* de mais justificativas do que "porque sim". Minha autoridade, neste caso, não se apoia na *expertise*; estou simplesmente afirmando meus direitos sobre minha própria pessoa.

Outras formas de autoridade podem ter esse caráter absoluto: de um soldado, por exemplo, espera-se que obedeça inquestionavelmente a seus superiores. Mais uma vez, em tais contextos, a autoridade pode determinar a aceitação de suas ordens sem estar associada a algum tipo de *expertise*.

Outras decisões também podem legitimamente repousar em um “porque sim”. Na Grã-Bretanha, a mão de direção dos veículos é à esquerda. Mas por que a lei deveria determinar essa mão, em vez da direita (ambas são igualmente válidas)? Resposta: *porque sim*. Você precisa escolher um lado para dirigir; ambos os lados são igualmente bons; a decisão das autoridades não é menos legítima por ser arbitrária.

Essa também é uma questão de profunda importância teológica. Deus determina o que é bom; mas Ele o faz porque determinada coisa é inerentemente boa, ou determinada coisa é boa porque Ele assim determina? São Tomás de Aquino postula a primeira hipótese; no entanto, os “escolásticos” (Occam, Duns Scotus e seus seguidores) preferem a segunda. Na opinião deles, a moralidade repousa sobre um “porque sim”: o que é bom é, em última análise, arbitrário, resultado da vontade contingente de Deus.

FALÁCIA LÚDICA

Informal	Um modelo M é usado para fazer previsões sobre um determinado domínio D. Entretanto, M é definido com parâmetros rigorosos que nem sempre estão presentes em D.

Tomar um modelo de realidade para representar a realidade, esquecendo que o modelo é baseado em parâmetros totalmente desprezados pela realidade.

EXEMPLO

O Cisne Negro, de Nassim Taleb, dá este exemplo: dois homens, Bob e Bill, estão andando por uma área perigosa da cidade. Bob está nervoso; Bill diz: "não se preocupe, sou faixa preta no caratê!" Então, um assaltante se aproxima deles, e Bill tenta derrubá-lo com um golpe de caratê, como ele já fez muitas vezes nas aulas de caratê. O assaltante simplesmente o mata com um tiro. Nas competições marciais estritamente regulamentadas na academia de caratê, as habilidades de Bill são formidáveis; na rua, nem tanto.

EXEMPLO DA VIDA REAL

Os cassinos ganham dinheiro controlando com precisão os lucros líquidos dos jogos. Se você joga, às vezes você ganha, outras vezes você perde; o estabelecimento, no entanto, sempre ganha no final do dia. Não é porque o cassino tem *sorte*, mas sim porque ele controla cuidadosamente os vários resultados dos jogos: os caça-níqueis pagarão de vez em quando; a roleta geralmente paga para a casa; o *blackjack* tem uma vantagem intrínseca. O cassino tenta minimizar o impacto dos clientes que jogam com probabilidades: se você for pego contando cartas, será banido; se for pego trapaceando, você pode acabar tendo as mãos quebradas por algum capanga.

Em 2003, o cassino Mirage sofreu um prejuízo de 100 milhões de dólares. O motivo? Teria algum jogador astuto jogado pelas probabilidades e ganhado? Não. Roy Horn, da dupla de mágicos Siegfried e Roy, foi atacado, durante uma apresentação, pelo tigre branco de Bengala com o qual se apresentava há anos. Apesar da longa familiaridade, o animal aparentemente ficou louco e atacou Roy. O cassino teve um lucro previsível com os jogos, mas sofreu uma grande perda por causa de um evento aleatório.

O ERRO

Os modelos são uma ferramenta útil para fazer previsões: simplificando a imagem da realidade, eles facilitam a previsão e a explicação de eventos. Por exemplo, um modelo físico da mecânica newtoniana assumirá um vácuo sem atrito; mesmo em um contexto em que o atrito e o ar existem, é mais fácil simular um modelo de realidade dispensando essas variáveis. Da mesma forma, um cassino pode fazer um modelo preciso dos lucros que terá nos jogos e usar esses modelos para projetar seus ganhos.

Entretanto, a realidade sempre compreenderá mais variáveis do que um modelo poderia possivelmente contemplar. Os modelos do cassino não consideraram a possibilidade de que o tigre de Roy pudesse atacá-lo. Isso não é apenas uma questão de construir um modelo diferente e melhor: *nenhum* modelo pode prever todo e qualquer incidente aleatório, tal como esse.

A história de Bob e Bill tem uma moral semelhante. Bill é eficaz na prática do caratê dentro dos parâmetros estritamente controlados das aulas, mas, quando confrontado com um adversário que dispensa tais parâmetros, Bill fica em apuros.

A REFUTAÇÃO

Se você suspeita de que seu oponente está mobilizando esta falácia, é provável que você esteja em um debate de alto nível de sofisticação. Seu oponente está usando um modelo para prever e explicar certos fatos sobre a realidade; seu trabalho é lembrá-lo que a realidade nem sempre é tão organizada como o modelo – ela sempre contemplará variáveis que os modelos ignoram. Seu oponente pode, por exemplo, apelar para um modelo que assume que as pessoas são agentes econômicos racionais, sempre seguindo o curso de ação que elas pensam que maximizará seus lucros. Dica: elas não são.

RELEVÂNCIA

O nome *falácia lúdica* vem da palavra *ludus* (do latim, "jogo"). Os jogos são definidos por regras claras e sem ambiguidades: certos movimentos são permitidos, outros são proibidos; há um claro mecanismo para determinar o vencedor; e assim por diante. Mesmo em um jogo de azar, as probabilidades são conhecidas e bem definidas: a chance de acertar os seis números premiados da Mega Sena com uma aposta simples é de 1 em 50.063.860.

Mas a vida real não é um jogo – não há nenhuma regra que proíba que certos resultados se concretizem. Você não pode, portanto, nem mesmo com esperança na precisão, controlar a aleatoriedade de um jogo de azar: você até pode vencer seu oponente em uma rodada de cartas, mas ainda assim você perderá tudo se ele lhe der um soco e fugir com o dinheiro.

MENTIR COM ESTATÍSTICAS

Formal ou Informal	Proponente A tenta sustentar o argumento *P* com dados estatísticos *E*, sendo que *E* não sustenta *P*.

Apoiar seu argumento usando dados estatísticos de maneira enganosa.

EXEMPLO

*"100% da violência masculina é cometida por homens. Portanto, 100% dos homens são violentos."**

EXEMPLO DA VIDA REAL

The Spectator, um periódico britânico de longa data, publicou recentemente um artigo celebrando a política educacional do governo com a afirmação de que os padrões nas escolas públicas estavam subindo. O periódico usou como prova a alegação de que as 80 melhores escolas públicas eram melhores do que as 80 melhores escolas particulares.

A publicação esqueceu de mencionar, no entanto, que a Grã-Bretanha tem muito mais escolas públicas do que escolas particulares: 500 escolas particulares e 3.200 escolas públicas. O critério relevante deveria ter medido uma *proporção* equivalente de cada tipo de escola: as 50 melhores escolas privadas contra as melhores 320 escolas públicas. Porque esta dimensão foi ignorada, as 80 melhores escolas públicas puderam ser favorecidas na comparação com suas contrapartes privadas em decorrência de uma discrepância estatística.

* Da revista Viz.

O ERRO

Não há apenas um tipo de erro que uma pessoa pode cometer ao *mentir com estatísticas*. Às vezes, o erro é apenas um simples erro aritmético: a pessoa não sabe fazer contas. Em outros momentos, como no das escolas, as métricas relevantes são enganosas porque comparam quantidades *numericamente* iguais quando deveriam ser comparadas quantidades de *proporção* semelhante. Outras vezes, é usada uma amostra tendenciosa ou estatística para dissimular a falsidade de argumentos (como no exemplo da violência masculina). *Mentir com estatísticas* pode se combinar a muitas outras falácias lógicas; assim, o exemplo de violência masculina usa estatísticas para ocultar habilmente uma *afirmação do consequente* (ver p. 29).

A REFUTAÇÃO

Como aqui não há uma única falácia, não há uma única resposta. Você precisa ter bom domínio das estatísticas, não apenas para poder detectar o erro de seu oponente, mas também para evitar ser enganado pelo rigor aparente. Seu oponente não está tentando sustentar argumentos com palavras floridas e retórica vazia; ele está se apresentando como rigoroso, alegando estar do lado do *números*. No entanto, os números podem ser manipulados tão facilmente quanto as palavras.

RELEVÂNCIA

Esta falácia abrange uma série de outras, tais como a *amostra tendenciosa* (ver p. 93) ou a falácia da *taxa básica* (ver p. 87). Ela pode ser combinada a quaisquer outras falácias; de fato, elas podem ser conciliadas para simular precisão em argumentos fajutos e evitar questionamentos indesejados. Se você tiver algum tempo livre, escolha algumas falácias deste livro e tente fazê-las parecer consistentes inserindo algumas estatísticas furadas.

PENSAMENTO MÁGICO

Informal	Dois eventos, E e F, são considerados como sendo causalmente ligados de modo sobrenatural.

Pensar que dois eventos estão relacionados causalmente, não por alguma razão ou prova, mas por uma suposta conexão sobrenatural.

EXEMPLO

Qualquer prática supersticiosa se enquadra na rubrica desta falácia. Pisei nas emendas entre as partes da calçada; mais tarde, minha mãe sofre uma lesão vertebral; claro que pisar naquelas fendas trouxe má sorte.

EXEMPLO DA VIDA REAL

Se você já encontrou um trevo de quatro folhas e pensou que ele lhe traria sorte, você caiu nesta falácia lógica.

Uma história sobre o físico Niels Bohr proporciona uma divertida visão sobre a falácia. Conta-se que ele mantinha uma ferradura acima da porta de entrada de casa, prática tradicional para trazer sorte. Um convidado perguntou-lhe: "Certamente você não acredita neste absurdo supersticioso, professor Bohr"; "Claro que não," Bohr respondeu, "mas me disseram que traz boa sorte, *quer você acredite ou não*".

O ERRO

O mundo não é dirigido por magia. Os trevos de quatro folhas não lhe trazem sorte, pisar em emendas na calçada não vai acabar com a saúde dos seus pais, sacrificar um animal não lhe dará aquele emprego. Desculpe, mas não é assim que o mundo funciona.

A REFUTAÇÃO

Você não precisa trabalhar muito para responder a isso: tudo o que você precisa fazer é ressaltar que não há nenhuma conexão causal entre os eventos que seu oponente está tentando vincular. Não há evidência científica nenhuma de que os trevos de quatro folhas evitarão o azar, ou qualquer correlação estatisticamente significativa entre pisar nas emendas na calçada e lesões na coluna vertebral dos pais.

RELEVÂNCIA

Então, por que esse tipo de pensamento é tão popular? Podemos pensar nisso como um tipo de *post hoc ergo propter hoc*: *E* acontece depois de *F*, então *F* deve ter causado *E*. Assim (como diz a lenda), pisei em uma emenda da calçada, depois minha mãe fraturou uma vértebra; naturalmente, posso inferir, eu ter pisado na emenda da calçada *causou* a fratura na vértebra da minha mãe. Mas não podemos estabelecer que *F causou E* só porque *E* se seguiu a *F* cronologicamente.

Outra explicação pode ser procurada no fenômeno de *viés de confirmação*: as pessoas procuram seletivamente evidências que apoiem seus pontos de vista. Um homem encontra um trevo de quatro folhas; logo depois, ele consegue um emprego, mas perde sua carteira. Ele atribui o evento positivo, mas não o negativo, ao trevo.

FALÁCIA MORALISTA

Informal	P deve ser o caso. Portanto, P.

Pensar que algo é o caso só porque deveria ser o caso.

EXEMPLO

> *"Todas as pessoas devem ser iguais. Portanto, uma pessoa não pode ter nenhum talento intrinsecamente superior em comparação aos outros."*

EXEMPLO DA VIDA REAL

O advento do darwinismo foi um terremoto intelectual, não apenas no campo da biologia, mas também na moralidade e na teologia: como podemos afirmar que o homem é único, se ele não é mais do que um símio glorificado? Esta reação moralista à teoria de Darwin é expressa de forma memorável no discurso de Benjamin Disraeli em Oxford:

> *Qual é a questão agora colocada à sociedade, com uma garantia tal que, para mim, é a parte mais espantosa? A questão é esta – é o homem um símio ou um anjo? Eu, meu senhor, estou do lado dos anjos.*

Em outras palavras, devemos rejeitar o darwinismo, não em virtude de provas empíricas, mas porque fere nossas sensibilidades morais.

Outro exemplo pode ser encontrado na história do pitagorismo primitivo (séculos IV-V a.C.). Os pitagóricos acreditavam que o mundo era governado pelos princípios dos números; na verdade, que ele era feito de números (o que quer que isso signifique!) Eles ficaram extremamente perturbados, portanto, quando Hipaso, um membro da Escola Pitagórica, descobriu que a raiz quadrada de 2 era irracional, ou seja, que não poderia ser expressa como uma relação entre dois números naturais. A cosmologia pitagórica, assim contrariada, condenou o infeliz matemático à morte.*

O ERRO

O mundo não tem obrigação de se conformar às nossas sensibilidades morais, por mais elevadas espiritualmente que elas sejam. Só porque algo *deveria* ser o caso, não significa que seja o caso, ou mesmo que *possa* ser o caso – a natureza não obedece a nossas sensibilidades morais sem nossa intervenção; mesmo assim, ela coloca um limite difícil quanto ao que *pode* controlá-la. Pensar o contrário é um idealismo equivocado, tão absurdo quanto a condenação dos pitagóricos aplicada a Hipaso.

A REFUTAÇÃO

A única refutação segura aqui é ordenar os dados empíricos contra seu oponente. Mas fique avisado, há pouco no campo da sociobiologia e da psicologia evolutiva que não seja polêmico, precisamente porque seus críticos temem implicações sociopolíticas. Neste contexto, você deve ser especialmente cuidadoso ao fazer um *apelo à autoridade* (ver p. 43).

Pode ser melhor, então, assegurar a seu oponente que, mesmo a natureza tendo essas limitações, não significa que não possamos melhorar nosso destino. Suponha, por uma questão de argumentação, que um estudo nos diz que os homens são, em média, melhores matemáticos do que mulheres. Isso, evidentemente, não implica que qualquer mulher, como *indivíduo*, é inepta para a matemática: tal conclusão

* Esta história é relatada em *Diógenes Laércio*, mas como qualquer coisa relacionada a Pitágoras e sua escola, sua veracidade deve ser tomada com um pé atrás.

equivalaria a se comprometer com a *falácia da divisão* (ver p. 117) e é muito facilmente refutável, considerando as ilustres contribuições das mulheres matemáticas. Tal estudo significaria menos ainda que devemos, por exemplo, restringir aos homens o estudo da matemática.

RELEVÂNCIA

Este é o inverso do *apelo à natureza* (ver p. 67), ou, como ela é às vezes erroneamente apelidada, *falácia naturalista* (ver p. 150). No *apelo à natureza*, o proponente tenta derivar um "deve" de um "é": o que é (algo) na natureza também o *deve* ser no geral. A *falácia moralista* é o oposto disso, tentando derivar um "é" de um "deve": o proponente assume o que *é* o caso a partir do que *deveria* ser o caso. Ambas as falácias precisam observar melhor a distinção entre fato e valor. Foi constatado que tanto os pensadores de esquerda como os de direita tendem a cair nessas falácias. A direita tipicamente é atraída pela *falácia naturalista*; assim, a partir de um estudo que indica que os homens tendem a ser melhores matemáticos, é provável que o setor conclua que as mulheres devem ficar em casa e deixar para os homens a sofisticação do pensamento matemático. A esquerda, por sua vez, tipicamente se vincula à *falácia moralista* (lançando adicionalmente um *apelo à raiva* [ver p. 40] para garantir): tal estudo é *sexista*, portanto, inválido! Ambos os lados se beneficiam da natureza falaciosa de seu raciocínio.

DESLOCAR AS TRAVES DO GOL

Areias movediças

Informal	O proponente A apresenta o argumento P. O oponente B insiste que a evidência E é necessária para que *P* seja aceito. O proponente A produz a evidência E. O oponente B agora exige um novo padrão mais rigoroso de evidência E1 para *P* ser aceito. ou O proponente A aceita E como o padrão de prova para *P*, mas relaxa o critério de prova para a evidência E_2 depois de perceber que o padrão E_1 não pode ser atendido.

Elevar ou baixar o padrão de prova exigido em favor de um argumento, após ter sido demonstrado que o argumento satisfez, ou não, um padrão de prova previamente acordado. De modo mais geral, isso significa mudar os termos do debate depois que este começou, ou do argumento depois que este foi apresentado.

EXEMPLO

> *Se quisermos acreditar nos filmes, a extorsão depende desse tipo de argumento.*
> *"Você já pagou um milhão de dólares por sua esposa, como combinamos; mas se você quiser vê-la novamente, é melhor pagar um milhão a mais!"*

EXEMPLO DA VIDA REAL

Lawrence Krauss escreveu recentemente um livro afirmando que a ciência refutou o argumento da Primeira Causa da existência de Deus. Contrariando a crença dos teólogos de que “nada vem do nada”, o famoso cosmólogo declarou que a ciência mostrara que algo – ou seja, o universo – poderia de fato vir do *nada*. Os críticos apontaram que o “nada” do qual o universo surgiu não era exatamente *nada*: era um vácuo quântico, que, embora não contivesse *partículas*, não é *nada*. A isso, Krauss respondeu: “Realmente não quero saber o que ‘nada’ significa para os filósofos, eu me preocupo com o ‘nada’ da realidade. E se o ‘nada’ da realidade está cheio de coisas, então tudo bem para mim.” Aqui, ele é o proponente do argumento que falha e, então, procede para deslocar as traves do gol.

O ERRO

Esta não é necessariamente uma *falácia*, mas é trapaça. Em qualquer jogo, você precisa de padrões claramente definidos para medir quem ganha e quem perde; todas as partes devem concordar antecipadamente com essas normas. Quando um adversário *desloca as traves do gol*, ele está trapaceando exatamente desta maneira: ambos concordaram que você precisava atender a certo padrão de evidência; no entanto, quando você cumpre este padrão, seu adversário o altera.

A REFUTAÇÃO

A única resposta efetiva aqui é reclamar que seu oponente é trapaceiro: ambos concordaram em um padrão de prova; posteriormente, ele exige um padrão de prova diferente – não importa se menos ou mais rigoroso, seu oponente violou o acordo. Sinta-se livre para chamar seu oponente de malandro, imbecil, ou desleal, a depender do seu estado de espírito.

RELEVÂNCIA

Isto não é realmente uma falácia, mas uma artimanha; é para ser evitada não por ser inválida, mas por ser desleal. O título em referência ao futebol remete à prática de aumentar ou diminuir o espaço entre as traves do gol para favorecer um time e prejudicar o adversário.

Este movimento pode abranger uma série de falácias de boa-fé, tal como a falácia do *falso escocês*. Aqui, o proponente que faz uma declaração altera os critérios de prova para esta mesma declaração de tal forma que ela não pode deixar de ser aceita. Por exemplo, o proponente afirma que "nenhum escocês toma mingau com açúcar". Seu oponente responde: "Mas meu tio Hamish é escocês e toma mingau com açúcar." O proponente replica: "Ah, mas nenhum escocês *legítimo* toma mingau com açúcar." Ao deixar suas definições cada vez mais restritivas, este tipo de oponente tenta tornar seu argumento imune a críticas.

COMPARAÇÕES FALACIOSAS MÚLTIPLAS

Informal (Estatístico)	Testes $\{T_1, T_2, \ldots, T_n\}$ são conduzidos para avaliar a hipótese H. Um teste, T_m, mostra algumas evidências de que H está correta. Portanto, os resultados do teste são obtidos para confirmar H.

Extrair inferências estatísticas significativas de quaisquer resultados negativos ou positivos colhidos de testes realizados em uma multiplicidade de grupos ou critérios.

EXEMPLO

Tony, um vigarista, comprou uma centena de moedas de um comparsa e quer saber se alguma delas é falsa. A fim de verificá-las, Tony vira cada uma delas vinte vezes. A maioria está boa; mas uma das moedas cai em "cara" dezenove vezes de cada vinte. Ele conclui que o comparsa lhe vendeu uma moeda falsa.

EXEMPLO DA VIDA REAL

O crescimento dos telefones celulares nos anos 1990 foi acompanhado pelo receio de que as torres de telefonia celular representavam um perigo para a saúde. Pesquisadores suecos investigaram se morar perto delas trazia algum risco para a saúde e descobriram que as pessoas que moravam perto das torres tinham um aumento da incidência de tumores cerebrais. Saiu nas manchetes: "Torres de telefonia celular causam tumores cerebrais!"

O ERRO

As amostras podem nos ajudar a fazer inferências mais amplas, mas somente dentro de certa margem de erro. Em média, uma amostra da população deveria, se selecionada bem, representar o todo. No entanto, isso não significa que *qualquer* amostra em particular fará isso – é inteiramente possível que a amostra selecionada seja uma coincidência. Dada uma base de amostras suficientemente grande, isso não é provável, mas continua sendo uma possibilidade. Daí, dada uma hipótese, há certa probabilidade de que uma amostra confirme a hipótese, não porque a hipótese seja verdadeira, mas porque a amostra é anormal.

O erro está em usar esta amostra estranha para dizer algo significativo sobre a população como um todo, por exemplo, para confirmar ou negar uma hipótese. Então, ao virar moedas suficientes, é provável que uma delas dê sempre "cara" por algum acaso: por enquanto, Tony não precisa acertar as contas com o comparsa. Da mesma forma, é bem possível que uma população que mora perto de uma linha elétrica pode sofrer uma taxa maior de algumas doenças do que a média da população geral, apenas por acaso estatístico; procure o suficiente por doenças, e você poderá confirmar que absolutamente tudo proporciona condições insalubres.

A REFUTAÇÃO

Esta falácia está relacionada com a falácia da *taxa básica* (ver p. 87) e convida a uma resposta semelhante. Você deve lembrar a seu oponente que amostragem estatística e testes de hipóteses fornecem resultados precisos somente dentro de certos parâmetros; dado um conjunto de amostras suficientemente grande, você terá amostras que não se enquadram na norma. Assim, para qualquer hipótese, há uma taxa básica na qual uma amostra confirmará a hipótese em virtude da casualidade. Você precisa lembrar seu adversário desses fatos estatísticos básicos e encorajá-lo a obter mais amostras.

RELEVÂNCIA

Relacionada com esta falácia está a *falácia do franco-atirador do Texas*, que descreve uma situação em que um texano descarrega uma arma na lateral de um celeiro, pinta um olho de boi sobre cada um dos buracos de bala e declara-se um atirador de elite. Dado um tamanho de amostra suficientemente grande, em outras palavras, você pode encontrar todos os tipos de padrões estranhos; a falácia surge quando é esquecido que estes padrões estranhos são previsíveis neste tamanho da amostra.

FALÁCIA NATURALISTA

Informal	Identificar uma propriedade natural P como boa. Em outras palavras: "P é 'natural', portanto, P deve ser feito."

Estritamente falando, esta falácia tem a ver com a identificação de uma propriedade não natural, como a bondade, com uma propriedade natural, como o prazer. Simplificando, trata-se de derivar o fato de que algo deveria ser o caso de outro fato que é o caso. Simplificando mais ainda: usar normas derivadas da natureza para determinar o que deveria ser o caso nas sociedades humanas.

EXEMPLO

> *"As mulheres são naturalmente adequadas para serem donas de casa. Portanto, todas as mulheres devem ser donas de casa!"*

EXEMPLO DA VIDA REAL

Muitas opiniões políticas, tanto reacionárias como revolucionárias, dependem desta falácia. Você pode estar familiarizado com ela, por exemplo, na declaração de um homofóbico de que a homossexualidade é um erro porque é ela antinatural; ou a crença fascista de que na sociedade, como na natureza, o forte deve governar e esmagar os fracos. Contudo, ela também se encontra na retórica revolucionária, como no adágio de Rousseau "o homem nasce livre, mas em toda a parte encontra-se acorrentado".

O ERRO

Este argumento confere à "Natureza" um injustificado sentido normativo. É injustificado porque, primeiro, *a natureza* nem sempre é benigna (tente dizer o contrário depois de picado por uma vespa); em segundo lugar, não está claro que podemos realmente distinguir o que é "natural" do que é "não natural", especialmente quando se trata do ser humano. Afinal de contas, somos *naturalmente* capazes de falar, de inventar coisas, passíveis de socialização. Então, como algumas de nossas atividades pode ser *antinatural*?

A REFUTAÇÃO

Várias respostas são possíveis (como no caso do *apelo à natureza* [ver p. 67]). Primeiro, você pode argumentar que o comportamento sendo atacado por seu oponente é, na verdade, inteiramente natural. É difícil argumentar que a homossexualidade não é natural, se os animais também a praticam. Em segundo lugar, você poderia apontar que o que é natural não é *ipso facto* bom. Portanto, mesmo que as mulheres estejam, "por natureza", mais bem equipadas para serem donas de casa (o que quer que isso signifique), não procede que elas devam ficar restritas ao lar ou que sejam impedidas de seguir carreira no mercado de trabalho. Afinal de contas, nós, humanos, somos muito bons em superar nossas limitações "naturais".

Vale a pena notar a resposta de Joseph de Maistre a Rousseau: "Seria igualmente correto dizer que as ovelhas nascem carnívoras e em todos os lugares comem grama."

RELEVÂNCIA

O nome desta falácia foi cunhado do *Principia Ethica*, de G.E. Moore, em que ele se opõe a declarações que identificam a bondade com uma propriedade *natural*, como seria o caso do prazer. Moore pensava que estas declarações são problemáticas;

embora se possa dizer que *o prazer é uma boa coisa,* não se pode *identificar* a propriedade "boa" com algo como "prazer", uma vez que são tipos de propriedades metafisicamente diferentes. Esta é a *falácia naturalista* em seu sentido próprio.

Os únicos debates, no entanto, em que a falácia tem esse significado são discussões filosóficas arcanas – você raramente, se é que alguma vez o fará, encontra esta definição no contexto de um debate político. Em linguagem comum, o termo é geralmente sinônimo de *apelo à natureza* (ver p. 67), e é o inverso da *falácia moralista* (ver p. 139).

FALÁCIA DO NIRVANA

Informal	O proponente A apresenta uma proposta P para resolver determinado problema. O oponente B aponta que P não resolveria completamente o problema inicial, ou falharia em resolver outros problemas relacionados. O oponente B, portanto, rejeita a proposta P em definitivo.

Criticar a solução de um proponente para um problema com o argumento de que ela não resolve o problema completamente; em outras palavras, criticar a solução pelo fato de ela não ser a ideal.

EXEMPLO

> *"Você diz que a proibição de dirigir embriagado salvará vidas nas estradas. Mas as pessoas ainda vão morrer em acidentes de carro, embriagadas ou não!"*

EXEMPLO DA VIDA REAL

Os defensores de "somente abstinência" como educação sexual se opõem ao ensino para adolescentes sobre contracepção com o argumento de que os preservativos e outros métodos de controle de natalidade podem falhar, e falham. Uma vez que os contraceptivos nem *sempre* funcionam, argumentam esses defensores, eles não podem fornecer a solução para a gravidez na adolescência. Essas pessoas ignoram o fato de que os preservativos e outros contraceptivos ainda têm uma taxa de sucesso muito alta e são, portanto, uma ferramenta eficaz na luta contra a gravidez e a ocorrência de doenças sexualmente transmissíveis na adolescência.

O ERRO

Você pode melhorar as coisas sem torná-las perfeitas (de fato, se você quer perfeição, frequentemente não conseguirá sequer realizar o bom, como todos os perfeccionistas sabem). Seu oponente o critica por você não tornar uma situação perfeita; entretanto, seu objetivo não era atingir a perfeição, mas apenas melhorar a situação o máximo possível.

A REFUTAÇÃO

Você só precisa ressaltar que seu objetivo nunca foi alcançar a perfeição, apenas melhorar um pouco as coisas (a menos que você tenha prometido perfeição). Apesar de sua proposta não ser restabelecer o Éden na Terra, e sim apenas promover alguma melhoria, isso não é preferível a nada? Você também poderia perguntar a seu oponente se *ele* tem uma solução ideal para o problema que você apresentou; se ele não tem, então sua solução até pode ter eficácia limitada, mas ainda é a melhor solução do mercado.

RELEVÂNCIA

Há certas circunstâncias sob as quais este tipo de argumento pode ser legítimo: quando a proposta não tiver uma boa relação custo-benefício, por exemplo, ou se não for tão eficaz quanto uma proposta concorrente. Portanto, se a proposta tem apenas eficácia limitada, ela pode não justificar o custo de sua implementação. Alternativamente, se a proposta do oponente não só resolve os problemas que a sua resolve, mas também resolve outros mais que a sua não alcança, então a solução dele deve ser escolhida.

Esta falácia é, de certa forma, o reverso do *apelo ao desespero* (ver p. 50). Naquele tipo de caso, um curso de ação é recomendado porque satisfaz minimamente determinada demanda, sem considerar a relação custo-benefício, a viabilidade de outros planos etc. Enquanto a falácia do *apelo ao desespero* diminui as exigências para a aceitação de determinado curso de ação, a *falácia do nirvana* coloca no alto a barra das exigências: a menos que a proposta possa trazer o céu à Terra, ela deve ser rejeitada. Nem é necessário dizer que falta moderação a ambas as posições.

NON SEQUITUR

Informal	Um argumento que afirma que *P*, portanto *Q*, quando *P* não implica *Q* de fato.

Quando uma declaração é apresentada como sequência lógica de outra sem que ela o seja de fato.

EXEMPLO

"Se estiver sol, vou cuidar das plantas. Está fazendo sol, portanto a diagonal de um quadrado não é a medida de seus lados!"

EXEMPLO DA VIDA REAL

Uma anedota não confirmada, mas ainda esclarecedora, relata que Euler e Diderot – o primeiro, o maior matemático da Europa; o outro, a praga do establishment político-religioso – estavam debatendo em público a existência de Deus. Euler supostamente abriu com uma cilada: "Senhor, $(a+b^n)/n = x$; portanto, Deus existe. Responda, por favor!" A isso, Diderot não tinha resposta.

O ERRO

O termo *non sequitur* engloba praticamente todas as outras falácias que existem. Neste tipo de argumento, uma conclusão se segue a uma premissa, ao mesmo tempo que não o faz; cada espécie de falácia simplesmente determina de que maneira precisa a conclusão apresentada é injustificada. Portanto, a falácia da *afirmação do consequente* (ver p. 29) é tecnicamente uma falácia *non sequitur* porque a forma do argumento indica que a conclusão não pode seguir-se das premissas; a falácia de *apelo à raiva* (ver p. 40) é uma *non sequitur* porque nada procede somente a partir do fato de que estou com raiva de alguma coisa; e assim por diante.

Em um caso de *non sequitur* propriamente dito, será simplesmente uma situação em que a conclusão não decorre da premissa, e o qual não pode ser considerado sob outro tipo de falácia. A suposta discussão entre Diderot e Euler é um exemplo disso: o teorema $(a+b^n)/n = x$ não implica *nada* sobre a existência ou não existência de Deus. Euler não cometeu nenhum tipo específico de falácia – a premissa de seu argumento era simplesmente irrelevante para sua conclusão.

A REFUTAÇÃO

Você precisa ressaltar que a conclusão e as premissas não têm nada a ver entre si. Em geral, você precisará fazer isso reconhecendo o tipo de falácia com que está lidando e respondendo apropriadamente. No entanto, se a *non sequitur* não puder ser reduzida a outra falácia (como com o exemplo Euler-Diderot), então você deve pedir a seu oponente que explique um pouco mais o raciocínio dele: *como* exatamente este teorema mostra que Deus existe?

O caso Euler-Diderot destaca um uso particularmente pernicioso desta falácia: casos em que o argumento de seu oponente tenta cegá-lo com "ciência" ou, mais precisamente, aplicando conceitos pseudocientíficos onde eles não cabem. Então, seu oponente pode tentar justificar algum besteirol espiritual apelando à física quântica. Veja, por exemplo, esta citação de Deepak Chopra:

> *A cura quântica é a cura do "corpo-mente" a partir de um nível quântico. Isso significa a partir de um nível que não se manifesta em um nível sensorial. Nossos corpos são, em última instância, campos de informação, inteligência e energia. A cura quântica envolve*

uma mudança nos campos de informações sobre energia, de modo a corrigir uma ideia que deu errado. Portanto, a cura quântica envolve a cura de um modo de consciência, a mente, para provocar mudanças em outro modo de consciência, o corpo.

Em tal caso, você deve perguntar, educadamente, mas com firmeza, como esses conceitos realmente apoiam as inferências abiloladas de seu oponente. Melhor ainda, você pode perguntar quantos físicos quânticos também acreditam em cura quântica.

RELEVÂNCIA

Esta falácia abrange quase todas as outras falácias que existem. Ela deriva do latim "não segue": a conclusão simplesmente *não se segue* às premissas.

Curiosamente, nem todo *non sequitur* é logicamente inválido. A validade da lógica é definida simplesmente em termos da verdade das premissas e da conclusão: as premissas não podem ser verdadeiras enquanto a conclusão é falsa. Portanto, um argumento com falsas premissas ainda pode ser logicamente válido; um argumento com premissas e conclusão logicamente necessárias ainda será logicamente válido, mesmo que as premissas e a conclusão não tenham nada a ver entre si.

PROVAR A INEXISTÊNCIA

Informal	O proponente A argumenta que P existe porque não há provas de que não exista.

Afirmar que algo existe, com o argumento de que sua inexistência não pode ser provada.

EXEMPLO

"Acredito que os fantasmas existem. Afinal, nunca vi nenhuma prova conclusiva de que não existem!"

EXEMPLO DA VIDA REAL

Bertrand Russell uma vez confrontou o argumento de que a crença em Deus era racional, já que não havia provas de que Ele não existia. Lorde Russell respondeu que, nesta linha de raciocínio, também se deve acreditar que há um pequeno bule de chá orbitando Júpiter: já que há não há provas de que *não exista* tal bule, devemos acreditar que ele existe.

O ERRO

Este argumento transfere de modo fraudulento *o ônus da prova* para a pessoa que nega a existência de uma entidade; contudo, o ônus da prova deve cair sempre sobre a pessoa que faz a *assertiva*, e não sobre quem a refuta. Para ter uma *garantia* de que algo existe, eu preciso de *provas positivas* de que ela existe. Estas podem ser bastante simplórias (acredito que há um elefante na sala, porque vejo um enorme paquiderme cinza pisoteando meus móveis), ou elaboradas (acredito que ondas gravitacionais existem, pois experimentos científicos extremamente complexos confirmam sua existência). Mas *algum* tipo de evidência, empírica ou não, deve haver: o trabalho de convencer é do crente, não do cético.

A REFUTAÇÃO

O exemplo do bule de chá de Russell oferece uma extremamente eficaz *reductio ad absurdum* (ver p. 165). Se seu oponente não dá provas de que a entidade em que ele acredita existe e, em vez disso, desafia você a demonstrar que ela não existe, você pode desafiá-lo de volta: "Creio que há um bule de chá orbitando Júpiter. Não vejo evidência de que o bule não existe. Então você deve acreditar nisso também!" Se seu adversário tiver alguma sensatez, ele perceberá a falta de lógica imediatamente. Se ele acabar acreditando na existência do tal bule, não posso fazer mais nada por você.

RELEVÂNCIA

Este movimento é geralmente falacioso, pois transfere de modo fraudulento o ônus de prova. Seu oponente acredita, equivocadamente, que é função do cético dar razões para que alguma coisa não exista, em vez de caber ao crente dar razões para a existência dela. Ora, geralmente é tarefa do crente demonstrar as razões para se acreditar que algo existe. É claro, se ele puder fazer isso, ele transferiu legitimamente o ônus da prova: devemos acreditar que *P* existe como ele afirma, a menos que possamos provar o contrário.

Esta falácia está ligada ao *argumento de ignorância* (ver p. 83), quando se afirma que algo existe ou é verdadeiro só porque não há provas do contrário.

PISTA FALSA

Ignoratio elenchi, a defesa de Chewbacca

Informal	O proponente A e o oponente B estão discutindo um tópico P. B levanta o tópico Q alegando ser relevante para P; no entanto, Q é, na verdade, irrelevante para P.

Tentar neutralizar um argumento trazendo considerações irrelevantes ou fora de contexto.

EXEMPLO

> *"Meu oponente critica a opressão da China sobre o Tibete. Mas e quanto à ocupação americana do Iraque? Ele não está preocupado com isso?"*

EXEMPLO DA VIDA REAL

Um episódio de *South Park* ("Chef Aid") mostra Chef sendo processado por uma grande empresa fonográfica. A defesa baseia o caso em (imprecisas) trivialidades de *Star Wars*, afirmando:

> *Senhoras e senhores deste suposto júri, para finalizar, tem uma coisa que quero que considerem. Senhoras e senhores, este é o Chewbacca. Chewbacca é um wookie do planeta Kashyyyk. Mas Chewbacca vive no planeta Endor. Agora pensem a respeito, não faz sentido!... Se Chewbacca vive em Endor, ele deve ser absolvido! A defesa encerra.*

O que essas ruminações sobre Chewbacca têm a ver com o processo de assédio de Chef? Nada. E esse é o ponto. O advogado está implantando uma *pista falsa* para disfarçar o fato de que ele não tem argumentos (ele ganha de qualquer jeito).

O ERRO

Seu oponente trouxe provas que são simplesmente irrelevantes para o caso em questão. É simples assim: o que ele disse foge à questão.

A REFUTAÇÃO

Em um mundo ideal, deveria ser suficiente simplesmente apontar a irrelevância do que seu oponente afirmou e seguir em frente. No entanto, a falácia da *pista falsa* pode ser usada de maneira desleal para desandar completamente o debate. Então, seu oponente pode lançar várias considerações irrelevantes, deixando você com um dilema: se responder aos argumentos dele, você desperdiçará seu tempo; se não responder, pode parecer que seu oponente está certo.

RELEVÂNCIA

Uma falácia relacionada é conhecida como *ignoratio elenchi* (termo em latim para "ignorância sobre como refutar algo"): uma situação em que um (talvez válido) argumento é apresentado e que, no entanto, não se refere à questão. Aristóteles caracterizou essa situação sucintamente: para refutar uma asserção, você deve mostrar que seu contraditório é verdadeiro; uma *ignoratio elenchi* ocorre quando qualquer outra coisa, menos essa demonstração, tiver sido usada como evidência.

É popularmente suposto que o nome dado em inglês para esta falácia, "red herring", vem da prática de usar arenques vermelhos para distrair cães de caça em treinamento, por conta do forte cheiro, de modo que os cães aprendam a prestar atenção no cheiro certo, e não no mais forte. Entretanto, esta suposta etimologia é enganosa (um "red herring" em si, podemos dizer): embora arenques vermelhos tenham sido usados em caça, seu propósito não era distrair cães de caça em treinamento, mas sim treinar os cavalos para *seguir* o cheiro.

REDUCTIO AD ABSURDUM

Informal	O proponente A apresenta a proposta *P*. O proponente B ataca uma versão simplificada ou absurda da proposta *P*.

Tentar refutar o argumento do seu oponente alegando consequências absurdas da argumentação dele, que, no entanto, só poderiam resultar da deturpação caricatural sendo feita pelo oponente.

EXEMPLO

> *"Você quer que liberem bebidas para menores de 21 anos aqui nos Estados Unidos? Por que não deixamos também que os bebês trabalhem em bares?"*

EXEMPLO DA VIDA REAL

Arthur Conan-Doyle (famoso pelo Sherlock Holmes) escreveu uma história chamada *Behind the Times*, sobre um reacionário dr. Winter, que considerava o seguinte sobre o darwinismo:

> *"a piada mais importante do seculo. 'As crianças no berçário e os antepassados no estábulo', ele lamentava, e ria até às lágrimas em seus olhos"* (tradução livre).

Em outras palavras, se o darwinismo fosse verdade, por que não dizer que nossos ancestrais eram cavalos? (Outros teóricos antievolucionistas recorrem à mesma técnica, sem mais justificativas.)

O ERRO

Este argumento pode vir de várias formas, todas elas como ataques a um *espantalho* (uma caricatura inapropriada de uma determinada posição). Primeiro, seu oponente pode tentar apresentar sua posição como *exagerada* e, assim, atacá-la por parecer absurda – como no exemplo da idade para beber.

Em segundo lugar, seu oponente pode tentar fazer inferências absurdas a partir deste espantalho que ele inventou – como no exemplo do dr. Winter, que pensa que o darwinismo implica que nossos ancestrais eram cavalos.

A REFUTAÇÃO

Você precisa esclarecer sua posição, evidenciando que seu argumento não é tão extremo quanto seu oponente sugere, ou que seu oponente está ignorando algumas sutilezas cruciais em sua posição. Então, como no exemplo da idade para beber, você pode simplesmente responder: "Não, não estou argumentando que as crianças deveriam trabalhar em bares; tudo o que estou defendendo é que se a garotada tem idade suficiente para servir ao Exército, pagar impostos ou ir para a faculdade, também tem para sentar em um bar e tomar uma bebida." Com o exemplo da evolução, pode-se dizer: "Não, não estou dizendo que os cavalos foram nossos antepassados; mas recue o suficiente no tempo e você encontrará um ancestral comum entre nós e os cavalos."

RELEVÂNCIA

Reductio ad absurdum (expressão em latim para "redução ao absurdo") é um dispositivo plenamente legítimo em matemática e filosofia, em que uma coisa é provada ao mostrar-se que sua negação levaria a absurdos. Assim, sabemos que não há uma raiz quadrada racional de 2: não há dois inteiros *a* e *b* tais que a/b é a raiz quadrada de 2. Sabemos disso porque, se houvesse, tanto *a* como *b* teriam de ser ambos pares ou ímpares (esta descoberta, como vimos ao discutir a *falácia moralista* [ver p. 139], foi a ruína do pobre Hipaso). A redução ao absurdo só dá origem a uma falácia quando o absurdo que ela expõe é baseado em deturpações que seu oponente fez da sua posição.

Este argumento pode envolver o *apelo à ridicularização* (ver p. 78) (como no exemplo da idade para beber); também abrange o *terreno perigoso* (ver p. 175).

REDUCTIO AD HITLERUM

Informal	O proponente A apresenta a posição *P*. O oponente B retruca que Hitler acreditava em *P*; portanto, não devemos acreditar em *P*.

Descartar a posição de seu oponente com o fundamento de que Hitler (ou alguma outra figura maligna) tinha a mesma posição; ou que a política que seu oponente defende também foi defendida pelo Terceiro Reich.

EXEMPLO

> *"Você é vegetariano? Você não sabia que Hitler era vegetariano?!"*

EXEMPLO DA VIDA REAL

Há tantos exemplos disso que é injusto escolher um só. Liberalismo, socialismo, controle de armas, ambientalismo, a família tradicional, leis antifumo, programas de exercício: todos têm vínculos com o Terceiro Reich. No entanto, poderíamos fazer uma menção à análise clássica das colunas de horóscopo feita por Theodor W. Adorno, "As estrelas descem à Terra". Adorno castigava o conselho zodiacal de "aceitar todos os convites" com a seguinte refutação, em tradução livre:

> *A consumação desta tendência é a participação obrigatória em atividades oficiais de "tempo livre" em países totalitários.*

O ERRO

Este é um exemplo de um *ad hominem*: *culpa por associação* (ver p. 22) e é tão risível quanto qualquer outro exemplo dessa falácia. Um argumento não é necessariamente errado só porque as

pessoas más o usam; esta regra é válida mesmo que a pessoa má em questão seja o próprio Hitler. Afinal de contas, não duvidamos que Berlim esteja localizada na Alemanha só porque Hitler também acreditava nisso, e não devemos nos abster de construir rodovias só porque Hitler também as construiu.

A REFUTAÇÃO

Esta falácia admite uma resposta rápida e fácil: basta apontar que o argumento de seu oponente é irrelevante. Os fatos não são falsos só porque alguém mau também acredita neles; um argumento não se torna inválido só porque Hitler acreditava nele. Você poderia, então, ressaltar que Hitler acreditava que a Terra gira em torno do Sol: seu oponente quer rejeitar essa assertiva alegando que Hitler acreditava nela?

RELEVÂNCIA

O nome da falácia foi cunhado pelo filósofo político Leo Strauss, em um artigo publicado em 1951 em *Measure: A Critical Journal*.

Esta falácia é tão comum em debates online que foi batizada de "lei de Godwin", em homenagem ao acadêmico Mike Godwin, que afirmou que "à medida que uma discussão online aumenta, a probabilidade de uma comparação envolvendo nazistas ou Hitler se aproxima de 1".

O corolário aqui é que a primeira pessoa a mencionar Hitler ou os nazistas perde automaticamente o debate. Este desfecho, é claro, deve ter certos limites: se se está discutindo a política alemã interna e externa entre 1933 e 1945, seria inapropriado invocar a lei de Godwin.

ARGUMENTO DE AUTOVEDAÇÃO

Informal	O proponente A faz uma afirmação concreta *P* de tal forma que nenhuma evidência possa contradizer *P* ou que nenhum oponente possa levantar uma objeção a ela.

Uma afirmação concreta que é apresentada de forma tal por seu proponente que não sobra espaço para refutação, prevenindo qualquer evidência contra ela, ou que automaticamente descarta objeções de um oponente.

EXEMPLO

> *"Você é um alcoólatra. O quê? Você nega que é alcoólatra? Isso apenas prova que você é um alcoólatra: negar é absolutamente típico do alcoolismo."*

EXEMPLO DA VIDA REAL

Religiões, escolas marxistas e escolas de psicanálise são todas culpadas por esta falácia. Se você se opõe a uma certa doutrina religiosa, sua posição é sumariamente descartada, já que você é um herege. Se você se opõe a uma doutrina psicanalítica, é porque você está empregando defesas psicológicas contra uma verdade incômoda. Se você se opõe ao marxismo, é porque você é um lacaio da burguesia. E assim por diante.

O ERRO

Se você está fazendo uma afirmação concreta – uma afirmação que não é apenas verdadeira por definição, ou seja, uma verdade *lógica* irrefutável –, você está fazendo uma afirmação que *poderia* ser falsa. Assim, você precisa considerar as circunstâncias nas quais admitiria que seu argumento está errado: de que provas você precisaria para aceitar que incorreu em um erro. Entretanto, um argumento de *autovedação* rejeita esta restrição: seu proponente simplesmente não aceitará que qualquer prova possa, *mesmo em princípio*, sugerir que ele está errado. Mas tal postura é simplesmente cegueira intencional: se você estiver errado, não teria como saber disso, pois você se isolou de qualquer crítica.

A REFUTAÇÃO

Uma vez que este argumento é do domínio do fanático, é pouco provável que uma resposta tenha algum efeito: afinal, seu oponente vê você como um herege, um neurótico, ou um cão de aluguel reacionário da ordem capitalista. Você pode convencer seu público, no entanto, de que o argumento de seu oponente simplesmente não se enquadra no reino do discurso racional e, portanto, não vale a pena debatê-lo.

RELEVÂNCIA

Um argumento de *autovedação* não é questionável: nenhum outro argumento pode ser levantado contra ele. É, às vezes, um argumento *ad hominem*; neste caso, no entanto, o *ad hominem* se estende a qualquer indivíduo que duvidar do argumento. Outras vezes, pode parecer com o caso de *evidência suprimida* (ver p. 99): no que diz respeito ao seu oponente, somente as provas que apoiam sua conclusão contam. Qualquer argumento que você use para refutá-la será um péssimo argumento.

FORÇAR A BARRA

Informal	A e B estão discutindo o tópico P. B (como é seu costume) levanta o tópico Q, no qual Q é irrelevante para P.

Quando um participante de um debate desvia o foco ao levantar um tópico favorito dele, apesar de este tópico ser completamente irrelevante para o argumento em questão.

EXEMPLO

"Deixe-me falar-lhes de minhas opiniões sobre Jesus. Jesus é meu salvador pessoal..."
"Mas estávamos discutindo agricultura!"

EXEMPLO DA VIDA REAL

Catão, o Velho, um senador romano, era um inimigo implacável da cidade de Cartago, desejando que a rival de Roma fosse banida da face da Terra. Ele era conhecido por terminar seus discursos com o bordão *Carthago delenda est* ("Cartago deve ser destruída"), mesmo quando discutindo assuntos não relacionados, como em "o milho cresce alto, e Cartago deve ser destruída".

O ERRO

Esta falácia é tipicamente *irrelevante*: você está discutindo um tópico; seu oponente traz considerações que nada têm a ver com o tema em questão. Embora isso não seja tecnicamente uma *falácia* porque não envolve realmente o argumento em questão, é sim, no entanto, uma tediosa manobra.

A REFUTAÇÃO

Basta perguntar a seu oponente qual é a *relevância* daquela contribuição para o tema em questão. Ele talvez quisesse muito discutir Jesus com você, mas, como o tema da discussão é a agricultura, a contribuição de seu oponente foge da questão.

RELEVÂNCIA

Isto não é uma *falácia* em si: não é que seu oponente esteja tentando tirar uma conclusão a partir de premissas que não correspondem; na verdade, ele está introduzindo um tópico fora do contexto. O argumento dele pode, de fato, ser convincente, válido, bem articulado; no entanto, sua contribuição é inútil se não acrescentar nada relevante ao teor da discussão.

Forçar a barra tende a ser habitual, em vez de um comportamento eventual: a pessoa que *força a barra* tende a dar um cavalo de pau no debate, sempre que possível, para trazer à discussão tópicos fora do contexto. Melhor evitar essas pessoas, pois tendem a ser desagradáveis.

TERRENO PERIGOSO

Extrapolação absurda, bola de neve, fio da navalha

Informal	Se *A*, então *B*; se *B*, então *C*; se *C*, então... *Z*!

Prever que consequências horríveis virão de ações inócuas, mediante um processo incremental, passo a passo. Portanto, se fizermos A, isso inevitavelmente resultará na ação B, que resultará em C... o que resultará em ação (tipicamente horrível) Z.

EXEMPLO

> *"Se o governo proibir os estudantes de levar armas para a escola, a seguir proibirá qualquer pessoa de levar armas para a escola. E, então, proibirá qualquer pessoa de levar armas para qualquer lugar público. Antes que você se dê conta, o governo proibirá completamente as armas!"*

EXEMPLO DA VIDA REAL

> *"Finalmente me disse: Não gosto da maneira como este país está indo. Quero que minha neta seja capaz de fazer um aborto. E eu disse: Senhora... A meu ver, do jeito que a coisa vai, não tenho muitas dúvidas de que ela poderá fazer um aborto. Vou dizer que não somente ela poderá fazer um aborto, como também mandar você desta para melhor"* (Cormac McCarthy, Onde os velhos não têm vez; tradução livre).

Em outras palavras, a eutanásia seria uma sequência involuntária e inevitável da legalização do aborto.

O ERRO

Esta falácia, como o nome sugere, tenta mostrar que consequências horrendas *necessariamente* se seguirão a decisões inócuas, por uma série de etapas inicialmente simples e progressivamente graves. O fato é que não tem de ser assim: simplesmente não há razão para pensar que aceitar o primeiro curso de ação conduzirá a outro; menos ainda que conduzirá a terríveis consequências finais. Na realidade, nós costumamos ser capazes de parar a cadeia de consequências a qualquer momento.

A REFUTAÇÃO

Desafie seu oponente a mostrar como dar o primeiro passo nesta cadeia de consequências conduzirá às horríveis consequências que ele prevê: por que, ao darmos o primeiro passo, não poderíamos simplesmente parar nele? Ou mostre que outras considerações nos impediriam de dar esses passos adicionais. Por exemplo, se ele argumentar que a legalização do casamento gay resultará na legalização de casamentos incestuosos ou casamento interespécies, você pode responder que não tem de ser assim: mesmo que o casamento gay seja legalizado, estas expansões adicionais de casamento seriam excluídas em virtude das proibições de incesto e bestialidade.

RELEVÂNCIA

O nome *terreno perigoso* ilustra bem a lógica desta falácia: quando se está em um terreno assim, qualquer escorregão pode derrubar você; o melhor, então, é evitar sequer pisar no terreno.

Os argumentos de *terreno perigoso* têm seu lugar, desde que fique claro como exatamente o primeiro passo levará a todos os outros. Portanto, o primeiro passo pode mudar as atitudes das pessoas o bastante para que elas aceitem mais facilmente os passos seguintes; ou pode ser que as pessoas se oporiam à mudança se promovida de uma só vez, mas não se ela se der de forma gradual. Isto é mais bem ilustrado no poema de Niemöller: *"Primeiro eles vieram e levaram os judeus..."*

PETIÇÃO ESPECIAL

Informal	O proponente A concorda com uma regra geral P. P aplica-se a B. Proponente A exige que uma exceção seja feita na aplicação de P a B, sem dar justificativas para a exceção.

Concordar com uma regra geral ou princípio sobre algo e suspendê-lo apenas em um caso particular, sem dar nenhuma boa razão para isso.

EXEMPLO

"Todos os homens capazes neste estado devem ir à guerra! Todos, exceto meu filho..."

EXEMPLO DA VIDA REAL

Em Downton Abbey, o mordomo Molesley é chamado para a guerra. Prima Violet, a indomável Condessa de Grantham, conspira com dr. Clarkson para tentar conseguir uma dispensa para ele; no entanto, a sra. Crawley, que dirige o hospital local, descobre a trama. A prima Violet pleiteia: "Mas ele é o único filho do meu jardineiro!", a que a sra. Crawley responde friamente: "Mas *todos* são filhos de alguém. Sinto muito, mas se eu abrir uma exceção nesse caso, eu seria forçada a abrir uma exceção em todos os casos."

"Proibida entrada de cães."

O ERRO

Se você concorda com uma lei geral, tem de concordar com ela em todos os casos. Se você descobrir que não pode ser aplicada a determinadas circunstâncias, então, discordará da lei; caso contrário, precisa refiná-la ou, talvez, demonstrar que o espírito da lei não se estende a este caso. O que você não pode fazer, no entanto, é aceitar a lei em geral e, ainda, recusar-se a aplicá-la a um caso particular. Fazer isso é essencialmente contraditório. Pior, uma vez que você aja assim, não há razão para que a exceção não seja aplicada a *outras* pessoas *ad hoc*: se seu filho pode ser dispensado do serviço militar, por que também não o *meu*?

A REFUTAÇÃO

Você precisa imbuir em seu oponente a virtude da consistência. Se ele está comprometido com uma regra, esse compromisso não deve ter exceções. Se ele acredita que exceções são aceitáveis, ele não é comprometido com a regra de fato. Além disso, você deve lembrá-lo que, se começarmos a fazer exceções, não há razão para não fazer uma exceção de cada caso. Este é um exemplo em que a invocação do *terreno perigoso* (ver p. 175) torna-se uma contramão legítima.

RELEVÂNCIA

Esta falácia é por vezes apoiada por um biombo retórico, aplicando justificativas *ad hoc* para a regra ("Mas você deixou seu cão entrar!" "Bem, a placa diz que não são permitidos cachorros, no plural; então, *um* é permitido"). Tal movimento, no entanto, geralmente é um artifício bastante óbvio: você pode sempre questionar *por que* é necessário tal customização nas regras. Geralmente, é impossível uma explicação adequada.

FALÁCIA ESPIRITUAL

Informal	O proponente A faz a alegação *P*. *P* não acontece. O proponente A afirma que, apesar das aparências, *P* aconteceu "em um sentido espiritual".

Considerar que uma determinada alegação procedeu da forma que deveria (geralmente uma previsão), apesar da falta de evidências, afirmando que ela procedeu em um "sentido espiritual".

EXEMPLO

"Nosso amado líder religioso voltou para derramar sua eterna benevolência sobre nós!"
"Do que você está falando? Ele está morto! Ele está no necrotério com uma etiqueta no pé!"
"Ah, sim, mas você não vê? O invólucro físico dele pode estar morto, mas ele voltou para nós em um sentido espiritual!"

EXEMPLO DA VIDA REAL

No romance clássico de Evelyn Waugh, *Brideshead Revisited*, Rex Mottram está sendo submetido ao catecismo para converter-se à fé católica. Seu instrutor narra assim uma aula:

> *Então, novamente, perguntei a ele: "Suponha que o Papa olhou para cima, viu uma nuvem e disse: 'Vai chover', isso seria inevitável?" "Oh, sim, padre." "Mas suponha que não." Ele pensou um momento e disse: "Suponho que estaria chovendo espiritualmente, mas somos pecadores demais para ver".*

O ERRO

Seu oponente foi pego de calça curta: ele fez uma alegação que ainda não se concretizou. Ele alegar que o que disse se tornou realidade "no sentido espiritual" é claramente um movimento desesperado. Não só é desesperado como também epistemicamente problemático. Como cargas d'água você saberia que tal declaração é verdadeira, mesmo neste sentido nebuloso? E, igualmente importante, como você saberia que é falso? (ver *argumento de autovedação* [ver p. 171] e *irrefutabilidade* [ver p. 189]).

A REFUTAÇÃO

Este movimento não merece realmente uma resposta. Você poderia dar a seu oponente uma rigorosa palestra sobre porque as reivindicações consistentes devem ter alguma condição de refutabilidade ou porque os argumentos de autovedação são ruins. No entanto, isso provavelmente teria pouco efeito sobre ele.

RELEVÂNCIA

Esta falácia está relacionada com a irrefutabilidade: seu oponente argumenta de tal forma que nada poderia provar que ele está errado. Se a certeza papal significasse (não significa) que tudo o que o Papa diz é sempre a expressão da verdade, poderíamos testá-la facilmente: se o Papa diz que vai chover, e não chove, então a doutrina teria sido *falsificada*. Mas se for verdade já que está "chovendo espiritualmente", a doutrina é infalsificável: como você saberia que é falsa?

Esta falácia é também uma forma de *deslocar as traves do gol* (ver p. 142). O argumento permanece, afinal, minha previsão não se tornou realidade em um sentido literal; no entanto, ela se tornou realidade em um sentido muito mais nebuloso.

ARGUMENTO DO ESPANTALHO

Informal	O proponente A apresenta o argumento *P*. O oponente B rebate *P*, na verdade rebatendo *P'*, que é superficialmente similar, mas significativamente diferente de *P*. O oponente B considera a refutação a *P'* como refutação a *P*.

Distorcer o argumento de um oponente, atacando a forma distorcida, e considerar que este ataque refuta o argumento real.

EXEMPLO

Alguém diz: "Acho que devemos fazer mais para conservar o meio ambiente, e não cobrir com autoestradas a paisagem intocada."
E outra pessoa responde: "Então você não quer que se construam autoestradas? Como diabos você imagina que as pessoas se deslocarão?"

EXEMPLO DA VIDA REAL

Alguns argumentos contra a evolução se baseiam neste tropo. O clássico contra-argumento "se a evolução é verdadeira, como é que ainda existem macacos?" se baseia em uma incompreensão da teoria da evolução. Essa teoria não ensina nem que os humanos evoluíram dos macacos (eles compartilham um ancestral comum), nem que a evolução de uma nova espécie necessariamente implica que as espécies antigas desapareçam (as novas espécies podem evoluir, por exemplo, se um subgrupo de uma espécie migrar para um novo ambiente e evoluir em resposta ao novo ambiente). A refutação só é eficaz quando se ataca uma versão simplificada e imprecisa da teoria evolutiva.

O ERRO

É evidente que, para refutar um argumento de modo efetivo, você tem de refutar o argumento verdadeiro. Não é bom argumentar contra algo que é mais ou menos semelhante a ele: a menos que sua refutação seja dirigida contra o argumento em si, você não irá muito longe. O *argumento do espantalho* é um exemplo particularmente pernicioso desse problema, já que argumenta contra uma posição dirigindo-se à deturpação dela, ignorando as diversas qualificações e sutilezas essenciais da posição.

A REFUTAÇÃO

Você tem de advertir seu oponente por deturpar sua posição e lembrá-lo de qual é realmente a sua posição. Você deve se esforçar para apontar que, quando confrontado com seu *argumento real*, a suposta refutação do oponente não vai ao ponto. Da mesma forma, no exemplo dado, a pessoa *A* não argumentou contra a construção de autoestradas em geral, mas apenas contra a devastação daquela área intocada; no entanto, a refutação da pessoa *B* ("como as pessoas vão se deslocar?") realmente só funciona se a pessoa *A* estiver argumentando a favor da afirmação mais forte. Assim, a refutação "como ainda há macacos?" funciona contra o darwinismo somente se ele estiver sustentando uma versão grosseiramente simplificada da evolução. Aponte o que você *realmente* acredita e mostre que o argumento do seu oponente é ineficaz.

RELEVÂNCIA

Esta falácia está relacionada com a *reductio ad absurdum* (ver p. 165), em que o argumento do oponente tem consequências aparentemente absurdas extraídas dele, bem como a falácia do *terreno perigoso* (ver p. 175), em que se demonstra que o argumento do oponente tem consequências perniciosas.

CUSTOS IRRECUPERÁVEIS

Informal	O investidor A torrou *n* unidades de moeda no projeto P. Embora haja poucas chances de P dar retorno financeiro, o investidor A continua a torrar dinheiro no projeto porque não quer desistir.

Custos irrecuperáveis são aqueles investidos em um projeto ou em um empreendimento e que se tornaram irrecuperáveis por alguma razão. A falácia dos custos irrecuperáveis ocorre quando o investidor, relutando em desistir do projeto em virtude do investimento inicial, continua a colocar dinheiro em um projeto apesar das poucas ou nenhuma esperança de que haja retorno acima do montante já investido.

EXEMPLO

> *John compra cinco números em um concurso a um dólar cada na esperança de ganhar um prêmio no valor de dez dólares. Quando seus números não são sorteados, ele compra mais dez bilhetes para ter chance de ganhar o prêmio; entretanto, bastaria que gastasse dez dólares para comprar o item premiado.*

EXEMPLO DA VIDA REAL

Stephen Colbert usou este tipo de raciocínio ironicamente, fingindo justificar o uso continuado da tortura nos Estados Unidos durante a guerra contra o terror. Ele argumentou que, como os Estados Unidos já tinham perdido a posição de superioridade moral, deveriam continuar torturando suspeitos de terrorismo até que se pudesse demonstrar sem ambiguidade que a tortura salva vidas. Ou, como ele disse:

A questão é que sabemos que não há como voltar atrás. Já torturamos algumas pessoas. Não se pode "destocar" esse sino (ou "destocar" aquelas bolas). E o fato de já termos torturado pessoas ser de conhecimento público poderia significar o fim da liderança moral dos Estados Unidos. Então, para evitar isso, devemos fazer o que for preciso para justificar o que já fizemos.

O ERRO

Torrar mais dinheiro em um empreendimento não lucrativo é simplesmente *irracional*. Os recursos que o investidor colocou no empreendimento foram, como o termo sugere, *torrados*: não há como recuperá-los. Assim, a única consideração relevante sobre continuar a investir mais recursos é se *esses recursos adicionais* teriam uma perspectiva realista de retorno. No entanto, na falácia dos *custos irrecuperáveis*, o investimento inicial é erroneamente incluído neste cálculo.

A REFUTAÇÃO

Você precisa lembrar a seu oponente que o capital que ele investiu no empreendimento simplesmente não pode ser recuperado. As perdas passadas são, portanto, irrelevantes para a decisão em questão: a única consideração relevante é se valeria a pena investir algum capital *adicional* no empreendimento. Sem dúvida, é lamentável que você já tenha torrado seus recursos em um projeto desse tipo; pode ser difícil aceitar que eles simplesmente desapareceram. Mas fazer isso é melhor do que a alternativa, ou seja, continuar simplesmente despejando tempo ou capital em um empreendimento que não tem nenhuma chance de sucesso, quando o resultado provável é que esses recursos adicionais *também* serão perdidos.

RELEVÂNCIA

Esta falácia não é tanto um problema de lógica, mas de psicologia e economia: somos propensos a calcular mal o peso dos recursos que já investimos em um empreendimento. Isso, às vezes, acontece porque temos vergonha de encarar a derrota: interromper a perda e desistir seria admitir que você cometeu um erro. Mas esse orgulho desorientado tem graves consequências, sejam elas relacionadas ao jogador que aposta a casa da família, sejam aquelas relacionados ao país que continua sacrificando suas tropas em vez de desistir de uma guerra que não pode ser vencida.

IRREFUTABILIDADE

Formal	O proponente A afirma que *P*, de maneira tal que não há como negar que *P*.

Uma proposição concreta é expressa de tal forma que se torna, em princípio, impossível levantar um contraponto a ela.

EXEMPLO

"Deus responde a todas as minhas orações!"
"Mas você rezou para que a tia Edna melhorasse do câncer; no entanto, ela morreu."
"Sim, então Deus respondeu claramente às minhas preces deixando tia Edna passar para o outro mundo, que é um lugar melhor."

EXEMPLO DA VIDA REAL

Segundo a clássica teoria marxista, o desenvolvimento do capitalismo veria o proletariado se empobrecer cada vez mais, o que o levaria a se organizar como uma classe e, então, derrubar a burguesia malvada, inaugurando, assim, um paraíso socialista. Isso é o que a teoria prevê, entretanto, de modo um tanto nebuloso; a teoria não oferecia um critério pelo qual pudesse ser julgada falsa. Marx não propôs nenhuma experiência crucial, por exemplo, pela qual a verdade ou falsidade de suas previsões possa ser apurada. Como resultado, apesar de as previsões de Marx não terem acontecido, sua teoria ainda mantém uma série de adeptos.

O ERRO

Se uma assertiva é consistente, pode ser verdadeira, mas também pode ser falsa. Assim, você precisa de algum tipo de critério pelo qual possa julgar que, se *isso* acontecer, a teoria é verdadeira (*verificabilidade*) ou, se *aquilo* acontecer, ela é falsa (*falseabilidade*). Se tal critério adequado não for apresentado, a teoria é *irrefutável*; no entanto, se é irrefutável, então simplesmente não há maneira de dizer se a teoria é falsa ou não.

Este erro pode assumir várias formas. Na forma mais básica, seu adversário pode não conseguir propor algum critério pelo qual a teoria dele possa ser considerada falsa. Entretanto, também pode ser o caso de seu oponente aceitar qualquer evidência que corrobore o ponto de vista dele (como no exemplo da oração pela tia Edna); ou que explique a falha da teoria por alguma manobra *ad hoc* (por exemplo, "A revolução do proletariado não se realizou porque a cultura de massa resignou os trabalhadores à sua própria miséria").

A REFUTAÇÃO

Pergunte a seu oponente o que, exatamente, o levaria a admitir que a teoria dele é falsa: ele pode sugerir, por exemplo, uma experiência pela qual a teoria seja posta à prova? Se ele não pode, então a teoria é deficiente: como você saberia se a teoria é falsa?

RELEVÂNCIA

A refutabilidade foi enfatizada por Sir Karl Popper como um *critério de demarcação* para a ciência. Para Popper, a ciência se distingui da pseudociência pois a primeira admite refutabilidade, enquanto esta última não o faz. Então, o cientista, propondo que todos os cisnes são brancos, faz uma afirmação refutável: mostre-lhe um cisne preto, e ele vai aceitar que a teoria precisa ser repensada. Diferentemente, as afirmações do pseudocientista não são assim: ele não sabe dizer a você, mesmo em princípio, que tipo de coisa o faria repensar uma declaração.

Esta demarcação parece bastante clara em abstrato; no entanto, pode ser muito mais difícil de ser aplicada na prática. Teorias científicas muito raramente admitem uma refutação rápida e fácil: se os fatos não se enquadram na teoria, a teoria pode ser ajustada, em vez de ser totalmente descartada.

ERRO DE USO-MENÇÃO

Informal	Proponente A discute a palavra 'P'. Oponente B acha que A está discutindo o conceito ou o objeto que P denota. Consequentemente, surge uma confusão.

Confundir a discussão de uma palavra em si com a discussão do conceito que a palavra denota.

EXEMPLO

"Meu filho é Adam. 'Adam' tem quatro letras. Portanto, meu filho tem quatro letras."

EXEMPLO DA VIDA REAL

No filme *A Vida de Brian*, um infeliz judeu chamado Matthias é condenado à morte por apedrejamento por proferir a palavra "Jeová" durante o jantar. A cena de execução se desenrola assim:

MATTHIAS: Veja. Estava tendo um jantar adorável, e eu só disse à minha esposa que "aquele pedaço de linguado estava à altura de Jeová".

MULTIDÃO: Oooooh!

OFICIAL: Blasfêmia! Ele disse novamente!

MULTIDÃO: Sim! Sim, ele disse! Ele disse!

...

MATTHIAS: Veja. Não acho que deveria ser considerado blasfêmia apenas dizer "Jeová".

MULTIDÃO: Oooh! Ele disse novamente! Oooh!

OFICIAL: Você só está piorando as coisas para você mesmo!

...

OFICIAL: Parem! Parem, sim?! Parem com isso! Parem com isso! Agora, vejam! Ninguém deve apedrejar ninguém até eu soprar este apito! Entenderam?! Mesmo, e quero deixar isso absolutamente claro, mesmo que alguém diga "Jeová".

Neste momento, o oficial é prontamente apedrejado.

Matthias é acusado de ter pronunciado o nome de Jeová no jantar, o que é considerado um ato de blasfêmia. No entanto, nas cenas seguintes, ele tão somente *menciona* a palavra "Jeová": ele está se referindo não a Jeová, mas à *própria palavra*; o *uso* da palavra é discutido, mas ela não é *usada*. Portanto, nesta cena, nem Matthias nem o oficial realmente usam a palavra "Jeová" (no sentido de denotar Deus), eles só se *referem* a ela. Não que isso importe, é claro: o oficial é apedrejado pela multidão enfurecida mesmo assim.

O ERRO

As palavras são úteis porque denotam coisas exteriores a elas – ou seja, quando uma palavra é *usada*. No entanto, às vezes, queremos nos referir a uma palavra em si: isto é, quando a palavra é *mencionada*. A dificuldade surge quando essas diferentes instâncias são confundidas: quando se falar sobre o próprio termo é tomado como equivalente de falar **sobre** a coisa que ele denota, ou quando falar do termo é tomado como um exemplo de *uso* do termo. Posso dizer coisas sobre uma palavra que não são verdade sobre o que ela denota (a afirmação "'Adam' tem quatro letras" não implica que *Adam*, a pessoa, tenha quatro letras), e posso fazer comentários sobre a coisa em si (o referente da palavra) que não são verdadeiras sobre a palavra (Adam ser loiro não significa que a palavra "Adam" seja loira).

A REFUTAÇÃO

Sua melhor opção, neste caso, é simplesmente lembrar a seu oponente a distinção, ou seja, que falar *sobre* uma palavra não é o mesmo que usar a palavra. Como alternativa, se seu oponente for particularmente teimoso, você poderia fazer uma brincadeira e levá-lo a mencionar a própria palavra, como no caso do oficial no exemplo que demos.

RELEVÂNCIA

Esta falácia é, às vezes, encontrada (como no exemplo de Jeová) no contexto de palavras tabu. Então, se eu disser "desgraça", terei praguejado porque usei uma palavra tabu; se eu disser "John disse 'desgraça'", não terei praguejado: simplesmente mencionei uma palavra tabu. Mas uma palavra frequentemente mantém sua função tabu, mesmo quando é simplesmente mencionada. É por isso que, por exemplo, falamos da "palavra FDP" em vez de explicitamente enunciá-la.